历史穿越报

黄袍加身 赵匡胤

以仁治天下的武林高手

冰心儿童图书奖获得者 彭凡 著

化学工业出版社
·北京·

前言

　　如果你想了解一个人，就和他一起吃饭、聊天、逛街，关注他的朋友、他的敌人，以及他周围的一切。可是……

　　如果他是一位古代帝王，该怎么办？

　　很简单，坐上我们的时光机，回到他生活的年代，和他一起吃饭、聊天、逛街，关注他的朋友、他的敌人，以及他周围的一切。

　　当你回到古代，你会发现，原来古人也和我们一样，也要工作、学习和娱乐，也爱美食、八卦和明星。

　　你会发现，你想了解的人，也正是大家热烈讨论的那个人。

　　你会发现，当时的好多新闻、八卦都与他有关。

　　你会发现，就连广告中也处处有他的身影呢。

　　武则天刚刚发布了一则公告，要在全国进行大改革，年号要改，旗帜要改，衙门名称、官职名称等都要改，连都城的名字也要改，话说她这是要登基当女皇的节奏吗？

　　朱元璋正在招兵买马，小编穿穿刚好会几招三脚猫功夫，要不要报名去试试？

　　一个通讯员告诉我们，李世民又和魏征在大殿上争得面红耳赤了，我们要不要偷偷把这个镜头拍下来呢？

……

现在，你是不是迫不及待想回到古代，在第一时间内了解这些新闻和八卦呢？别急，我们已经派人穿越了，将你想知道的一一记录下来，刊登在《历史穿越报》上。

这套《历史穿越报》一共十本，分别详细记录了汉武帝、唐太宗、武则天等十位帝王的成长历程。每本《历史穿越报》有十二期，一月一期，为了方便大家阅读，我们将它做成合订本。每期报纸中都有五花八门的新闻、八卦、访谈、广告、漫画，让你目不暇接。

我们的记者队伍非常庞大，分布在全国各地。有一部分人喜欢专门记录重大事件，我们将这些稿件放在"叱咤风云"栏目。

我们还有一批勤奋的通讯员，每天穿梭在各大茶馆。他们可不是去喝茶哦，而是为了搜集百姓的八卦、言论，给"百姓茶馆"栏目准备素材。

我们还设立了一个"鸿雁传书"栏目，古人有什么困扰、烦恼，统统都可以通过来信告诉我们，小编穿穿会一一耐心回复哦！

我们还有一位大嘴记者，名叫越越，专门负责采访当时最杰出，或者最有争议的人物。他是一个胆大包天的家伙，就算是皇帝也要刁难一下，古人们可要做好准备了！

当然，我们还有"广告铺"栏目，欢迎大家刊登广告，价格从优哦！

最后，希望大家在看完这份报纸后，不仅能读懂帝王们的一生，还能从中获得知识、经验与勇气，让我们的穿越功夫没有白费。

目录

第1期　将门虎子

【烽火快报】赵家添了个"香孩儿"……………………………………… 11
【绝密档案】城头变幻大王旗…………………………………………… 12
【叱咤风云】不爱读书爱骑马——英雄也有被人嫌弃的时候——半
　　　　　　路收了个亲兵………………………………………………… 14
【鸿雁传书】报国无门，我的路在何方？……………………………… 18
【百姓茶馆】郭威在玩什么把戏？……………………………………… 22
【名人有约】特约嘉宾：赵弘殷………………………………………… 23
【广告铺】求职书——征"义军"了——咏初日……………………… 25

第2期　初试锋芒

【烽火快报】功臣一家被杀了…………………………………………… 27
【叱咤风云】澶州兵变，郭威披黄袍——赵匡胤为什么"抛弃"了
　　　　　　皇帝？——新皇帝要御驾亲征？——高平之战，赵匡
　　　　　　胤一举成名………………………………………………… 28
【百姓茶馆】这个皇帝真能拼………………………………………… 35
【鸿雁传书】如何处理逃兵？………………………………………… 39
【名人有约】特约嘉宾：赵匡胤……………………………………… 40
【广告铺】临终遗言——感谢马恩公——禁军招募令——长乐老人
　　　　　冯道与世长辞…………………………………………… 42

第3期　人红压力大

- 【烽火快报】柴荣在下一盘很大的棋?……………………44
- 【鸿雁传书】皇帝和大臣，该站在哪一边?………………45
- 【叱咤风云】一项艰巨的任务——我的成功可以复制——谈判也不顶用了…………………………………………46
- 【百姓茶馆】还能坚持多久?………………………………52
- 【名人有约】特约嘉宾：柴荣………………………………55
- 【广告铺】关于粮食损耗的新规定——通告——拆庙告示………57
- 【智者为王】第1关…………………………………………58

第4期　功名与亲情

- 【烽火快报】滁州城里来了个书生…………………………60
- 【绝密档案】我的名字叫赵普………………………………61
- 【鸿雁传书】南唐"第一猛人"来了，怎么办?……………62
- 【百姓茶馆】逼出来的胜利…………………………………63
- 【叱咤风云】父亲，心中永远的痛——与李景达过招——雄赳赳、气昂昂，跨过扬子江……………………………64
- 【名人有约】特约嘉宾：李重进……………………………71
- 【广告铺】新历法实施通告——白甲军征兵广告——关于田地的新规定………………………………………………73

目录

第5期　陈桥兵变

- 【烽火快报】柴荣驾崩了 ··· 75
- 【绝密档案】皇帝的遗嘱 ··· 76
- 【百姓茶馆】一根小木条引发的讨论 ······························· 78
- 【鸿雁传书】杀不杀赵匡胤？ ·· 79
- 【叱咤风云】陈桥兵变，赵匡胤也被"逼"披黄袍 ················ 80
- 【名人有约】特约嘉宾：赵匡胤 ····································· 84
- 【广告铺】新钱发行通告——减免税赋通告——通航通告 ······· 86

第6期　皇帝不好当

- 【烽火快报】新帝登基，诏书在哪里？ ····························· 88
- 【绝密档案】登基前的风雨 ··· 90
- 【叱咤风云】得人心者得天下——还是有人造反了——李重进也反了 ··· 92
- 【鸿雁传书】我应该和敌人联手吗？ ······························· 94
- 【百姓茶馆】哪里来的箭？ ··· 95
- 【名人有约】特约嘉宾：李筠 ······································· 100
- 【广告铺】绝不能亏待柴氏家族——吏部通告——关于诸县等级更改诏令 ··· 102
- 【智者为王】第2关 ··· 103

第7期　杯酒释兵权

- 【烽火快报】禁军将领们集体辞职了……………………………………… 105
- 【绝密档案】喝杯酒，兵权就没了…………………………………………… 106
- 【鸿雁传书】兵权到手了，皇帝还是不放心………………………………… 110
- 【百姓茶馆】新帝上任，数把火……………………………………………… 111
- 【叱咤风云】被皇帝打掉了牙齿……………………………………………… 112
- 【名人有约】特约嘉宾：杜太后……………………………………………… 113
- 【广告铺】关于招募"上军"的规定——明德门灯会通知——更成法…………………………………………………………………………… 115

第8期　天府之殇

- 【烽火快报】君臣雪夜定良策………………………………………………… 117
- 【叱咤风云】天上掉下个好机会——新版"假途灭虢"——孟昶的结局——征蜀虽易，平蜀难——皇上为什么重用文人？……………………………………………………………………… 118
- 【鸿雁传书】后蜀皇帝向我叫板了！………………………………………… 121
- 【百姓茶馆】蜀道再难，难不住宋军………………………………………… 122
- 【名人有约】特约嘉宾：宋太祖……………………………………………… 129
- 【广告铺】大赦荆、湖地区通告——重用文官，收回财权——征蜀大军的"四不准"——述亡国之由………………………………… 131

目录

第9期　一颗铜豌豆

【烽火快报】一颗硌牙的铜豌豆……………………………… 133
【鸿雁传书】大宋皇帝给我下战书了……………………………… 134
【叱咤风云】诡秘的刺客——郭无为的如意算盘——水淹汾河，
　　　　　　功亏一篑…………………………………………… 135
【百姓茶馆】东方不亮西方亮……………………………………… 141
【名人有约】特约嘉宾：刘𬭎…………………………………… 142
【广告铺】关于监狱管理的新规定——关于祭祀用品的新规定——
　　　　　用金钱赎回被夺土地…………………………………… 144
【智者为王】第3关………………………………………………… 145

第10期　卦王与罢相

【烽火快报】黄河决口，谁买单？………………………………… 147
【绝密档案】大宋第一红人………………………………………… 148
【叱咤风云】宰相和皇弟唱起了对台戏——谁是最后的大赢家… 150
【百姓茶馆】宰相的日子不好过…………………………………… 152
【鸿雁传书】我还会回来吗？……………………………………… 155
【名人有约】特约嘉宾：赵普……………………………………… 156
【广告铺】太祖亲自面试进士——推贤令——互祝元旦快乐…… 158

第11期　南唐悲歌

- 【烽火快报】南唐，我又来了！ ……… 160
- 【绝密档案】一幅画像，巧施反间计——李煜这个糊涂蛋 ……… 161
- 【鸿雁传书】到底该听谁的？ ……… 165
- 【百姓茶馆】宋军打到眼皮底下了，怪谁？ ……… 166
- 【叱咤风云】上梁不正下梁歪——皇帝和说客的PK ……… 167
- 【文化广场】"千古词帝"李煜 ……… 172
- 【名人有约】特约嘉宾：李煜 ……… 173
- 【广告铺】禁书令——赈济饥民通告——"第一良将"封赏令 ……… 175

第12期　烛影斧声

- 【烽火快报】钱俶来朝，是自投罗网？ ……… 177
- 【叱咤风云】包裹里的秘密——哥哥驾崩，弟弟继位 ……… 178
- 【百姓茶馆】烛影斧声，千古谜 ……… 182
- 【鸿雁传书】流言蜚语太多怎么办？ ……… 183
- 【文化广场】《百家姓》里的小秘密 ……… 184
- 【名人有约】特约嘉宾：赵光义 ……… 185
- 【广告铺】大宋官员休假公告——官吏考核通告——留给子孙的遗言 ……… 187
- 【智者为王】第4关 ……… 188

智者为王答案 ……… 189
赵匡胤生平大事年表 ……… 191

第 1 期
公元927年—公元950年

将门虎子
赵匡胤卷

穿越报
CHUANYUE BAO

【烽火快报】
- 赵家添了个"香孩儿"

【绝密档案】
- 城头变幻大王旗

【叱咤风云】
- 不爱读书爱骑马
- 英雄也有被人嫌弃的时候
- 半路收了个亲兵

【名人有约】
- 特约嘉宾：赵弘殷

【广告铺】
- 求职书
- 征"义军"了
- 咏初日

穿越必读 CHUANYUE BIDU

在经过辉煌的唐朝后，中国进入了腥风血雨的五代十国时期。短短五十多年，换了十三个皇帝，八个姓。乱世出英雄，公元927年，一个叫赵匡胤的男孩出生了。他的出现，为黑暗的五代十国时期带来了一丝曙光。

烽火快报

FENGHUO KUAIBAO

赵家添了个"香孩儿"
——来自洛阳的消息

公元927年三月二十一日，在洛阳(现为后唐国都)的夹马营，一户姓赵的人家生了个大胖小子。

这原是件极平常的事儿，可奇怪的是，据说这孩子出生时，整间屋子都被红光笼罩，四周充满了奇异的香味，很久都没有散去。孩子的父亲（后唐禁军里的一名小军官）赵弘殷一高兴，给孩子取了个小名，叫"香孩儿"。

在这之前，赵弘殷有过一个儿子，取名"匡济"，希望他以后能"匡时济世"。可惜，也许是名字取大了，匡济没承受住，早夭了。

如今赵家又添了个儿子，赵弘殷不再望子成龙了，而是希望他平平安安，子孙相承就好，于是给这个孩子取名叫"匡胤（yìn）"，匡就是匡扶、保佑的意思；胤就是子孙相承的意思。

这个叫匡胤的"香孩儿"会有怎样的命运呢？本报将为您持续追踪报道。

来自洛阳的消息！

绝密档案 JUEMI DANGAN

城头变幻大王旗

要说这是一个乱糟糟的时代，没有一个人会反对。可究竟是怎么个乱法呢？

自黄巢起义后，唐朝名存实亡。一些强大的藩镇纷纷建立起自己的小朝廷。公元907年，原唐朝节度使朱温废了唐朝最后一个皇帝，自行称帝，定都开封，国号为"大梁"（史称后梁）。

五年后，朱温因为荒淫无道，被自己的儿子朱友珪干掉了；而朱友珪的皇帝宝座还没坐热，就被弟弟朱友贞联合宫中禁军，以讨逆之名杀害了。

十年后，朱温的老对头晋王李存勖（xù）在魏州称帝（史称后唐），同年他发兵灭了后梁。赵弘殷曾是他旗下的一员大将。然而，就在赵匡胤出

绝密档案

生的前一年，李存勖因为轻信伶人，重用宦官，与干哥哥李嗣源自相残杀，最后被伶人所害。

李嗣源当上皇帝后，把国家治理得井井有条。而他的儿子李从荣却发动兵变，逼他让位。在争斗中，李从荣被乱刀砍死。李嗣源悔恨交加，一病不起，把皇位传给了三子李从厚。

然而，才过了四个月，李嗣源的养子李从珂也造反了，当了皇帝。这下，李嗣源的女婿石敬瑭不干了。他勾结契丹，认比自己小十岁的契丹皇帝为父，以割让"燕云十六州"为代价，干掉了李从珂，也做了皇帝（史称"后晋"）。赵弘殷就这样又成了"后晋"的一员。

短短几年间，中原大地换了好几个皇帝。眼看天下乱哄哄，你方唱罢我登场，这场"城头变幻大王旗"的闹剧什么时候才会停止呢？

叱咤风云 CHIZHA FENGYUN

不爱读书爱骑马

伴随着硝烟和战火,赵匡胤长大了。到了该上学的年纪,父亲给他找了个大儒士做老师,又亲自传授他武艺,希望儿子长大之后文武双全。可是,从小生活在军营中的赵匡胤更喜欢钻研武艺,一有空闲就耍耍长棍,练练拳法,骑骑马,射射箭。

母亲不太喜欢他这样,就教训他说:"你应该多读些书,将来好报效国家。"

赵匡胤回答道:"天下太平的时候,应该学文;兵荒马乱的时候,应该习武。现在正是天下大乱的时候,学武才有用啊!"

一番勤学苦练后,赵匡胤骑马射箭的功夫远远超过了同龄人。

有一次,他在练习骑术时,挑选了一匹烈马,这匹马很少有人能驯服。年少气盛的赵匡胤决定将这匹马驯服,并且他既不给马套笼头,也不用马鞍。结果他刚

叱咤风云

跳上马背，马就顺着城墙斜道向城楼上奔去，赵匡胤来不及跳下马，脑袋"咣啷"一声，撞到城楼的门框上，人也摔了下来。

周围的人都吓坏了，以为他的脑袋一定开了"花"，谁知赵匡胤在地上滚了几下，又一跃跳上马背。经过一段时间的较量，烈马终于被制服，老老实实地听从小主人的命令。在场的人见了，无不称奇。

俗话说得好，"大难不死，必有后福。"这个赵匡胤莫非真不是个一般人？

在马背上取天下。

叱咤风云 CHIZHA FENGYUN

英雄也有被人嫌弃的时候

时间稍纵即逝，转眼赵匡胤长成了一个大小伙子。他相貌堂堂，为人豁达，好交朋友，远近亲朋都夸赞赵家有个好儿子。

这时，后晋已经被契丹给灭了。后晋大将刘知远在晋阳（今山西省太原市）坐上了皇位（史称后汉）。赵弘殷又成了后汉的军人，随军四处征讨。

有老爹在前方做榜样，再加上战乱，一家人生活大不如前，颇具冒险精神的赵匡胤哪里坐得住，尽管已经娶了妻子，有了儿子，但他还是做出了一个决定——离家闯荡。

俗话说得好，在家靠父母，出门靠朋友。赵匡胤第一个想到的人，是父亲的一个老同事——复州（今湖北省天门市）防御使王彦超。他兴冲冲地前去投奔，谁知王彦超压根儿瞧不上他，只请他吃了

叱咤风云

顿饭，给了些路费，就打发他走了。

"此处不留爷，自有留爷处。"他又想到了父亲的另一个朋友——随州刺史董宗本。与王彦超不同的是，董宗本痛快地收留了他。

但董宗本有个儿子，一贯嚣张蛮横。他见赵匡胤一表人才，而且武艺高强、人见人爱，十分嫉妒，总是没事找事，对赵匡胤处处刁难。刚开始，赵匡胤还能忍受，可是时间一长，就扛不住了，只好默默离开了。

不到两年的时间，赵匡胤就吃尽了苦头，尝尽了人情冷暖，接下来的路，他会怎么走呢？

请您收留我吧！

鸿雁传书 HONGYAN CHUAN SHU

报国无门,我的路在何方?

穿穿老师:

您好!当初,我凭着一腔热血,离开家乡,四处闯荡,原以为能闯个名堂来让爹妈瞧瞧。可现实却是那么残酷,闯了这些年,我空有一身武艺,一腔抱负,却无处施展。

前几天,为了省些住店的银子,我到一家寺庙借宿,庙里的老和尚说我面带贵相,绝非凡人,不但主动送我盘缠,还说如果我往北走,一定能碰到好运气。可是,走到现在,我有点迷茫了,是打道回府,和娘子、家人团聚,还是继续风餐露宿,找机会为这多灾多难的国家尽点力呢?

穿穿老师,您见多识广,还请在这乱世中,给迷茫的我指出一条明路吧!

迷途青年 赵匡胤

赵先生:

您好!首先,我对您胸怀天下的志向表示钦佩。相信只要有您这样的热血男儿,中原大地就还有一线希望。

老方丈的话,我也不知道该不该信。但据我所知,北方正在打仗。自从刘知远病逝,他十八岁的儿子刘承祐继位后,以李守贞为首的三个节度使欺负他年纪轻,公开联合谋反了。目前小皇帝已经派了枢密使郭威大人前去平叛。

郭大人掌管全国兵权,又是您父亲的老同事,现在正在招兵买马,您为何不去投奔他呢?

《穿越报》编辑 穿穿

XIHA YUAN

嘻哈园

半路收了个亲兵

要说郭威,他也是个英雄人物,他高大魁梧、勇猛过人,十八岁就当了兵,一路辗转,历经后梁、后唐、后晋、后汉四个朝代,在军中与赵弘殷有点交情。现在是后汉的枢密使(相当于国防部长),负责管理军队,对外征讨。

这次李守贞等人造反,他当然责无旁贷,奉刘承祐之命,前往河中平叛。

有一天,有人向郭威报告说,营帐外有一个小伙子求见,自称是赵弘殷的儿子。郭威与赵弘殷一起当过兵,听说老战友的儿子来了,就赶紧召他进来问话。结果一见面,郭威吃了一惊。

原来,由于长期在外流浪,他吃不饱、穿不暖,赵匡胤的脸色十分憔悴,衣服也破破烂烂的,乍一看,分明就是个叫花子,哪里像一个中级军官家的公子哥?郭威不禁怀疑起他的身份来。

还好,经过长时间的漂泊,赵匡胤变得更加沉稳和冷静,尽管衣着寒酸,但言谈举止却表现得不卑不亢,对郭威的每一个问题都对答如流。

郭威这才相信他的身份。只是他不明白,一个军官的儿子怎么会落到这步田地。

赵匡胤便将自己的遭遇一五一十地说了出来,同时表达了自己的愿望,愿意从军,为郭公效力。

郭威问道:"为何不去你父亲手下做事,毕竟凭借你父亲的关系,比自己出来找事做要容易得多。如果是缺少盘缠的话,老夫倒是可以资助一些。"

赵匡胤摇摇头说:"不管我在外面混得怎么样,我都不想依靠父亲,而是想靠自己。"

对赵匡胤的回答,郭威很满意,便准备收下他,于是直接问道:"那你想得到一个什么样的职位呢?"

经过这两年的历练,赵匡胤不再眼高手低,他平静地答道:"我只想当一名士兵,请郭公成全。"

听完他的回答,郭威满意地点了点头。从此,赵匡胤成了一名职业军人。当然,郭威并没有把他安排到前方的作战部队,而是留在了自己身边。也就是说,赵匡胤成了郭威的一名亲兵。

从一名流浪汉,一下来到了后汉响当当的人物身边,赵匡胤又会面临什么样的遭遇呢?

百姓茶馆 BAIXING CHAGUAN

郭威在玩什么把戏？

这河中城还真是结实，刘承祐之前不是派了三个人来打吗？打了三四个月，硬是攻不进来。现在虽然派的是老将郭威，但也不容乐观啊！不知道会不会像上次那样，兴冲冲地来，灰溜溜地走呢？

河中城士兵张熊

河中城士兵陈虎

这郭大人真是怪，既不劝降，也不叫阵，只是骑着马，带了几个人围着河中城转圈，这是想干吗呢？

怪的不只这个。你没听到郭将军的第一道命令吗？他让大家在河中城东、西、南三面筑三个营寨，北面留块空地，还征调了三万名老百姓来筑堡垒。李守贞看见了，自然就跑过来烧，郭大人也不管，任他们烧。可等他们走之后，又下令重建。如此反复，这不是折腾人吗？

后汉士兵丁奎

后汉亲兵老李

是折腾人，可折腾的是李守贞的人。你看，等他们的兵力耗得差不多了，郭大人就开始下令攻城。李守贞抵挡不住，最后不就自焚身亡了吗？这回，郭将军可又立大功了啊！

名人有约

MINGREN YOU YUE

越越 大嘴记者

赵弘殷 特约嘉宾

嘉宾简介：他出身文官之家，却因擅长骑射、骁勇善战，成了军人。和大多数人一样，他也历经后梁、后唐、后晋、后汉四个朝代。令人称奇的是，不管时局如何变，他却始终岿然不动，安稳自在。他就是军中"不倒翁"——赵弘殷。

越　越：您好，赵大人！一直听说您气魄非凡，今日一见，果然名不虚传。

赵弘殷：（乐呵呵）不敢当，不敢当！老了，现在是你们年轻人的天下了！

越　越：哎，您老过谦了，您要没有两把"刷子"，李存勖也不会把禁军交给您了。您一直都跟着李存勖吗？

赵弘殷：那倒没有。起先在别的藩王手下做事，只是没有得到重用。后来李存勖和我们联合作战，对我很赏识，就把我留在了身边。

越　越：是金子总会发光的。

赵弘殷：惭愧惭愧，本来我掌管禁军，负责皇帝的安全，结果一个个皇帝在我眼皮子底下死去，我却还活蹦乱跳的——虽然一直只是个中级军官。

越　越：这也是没办法的事，眼下就是这么个世道。像朱温那样残暴好色的皇帝，不得好死；像李嗣源那样仁慈正派的好皇帝，也不得善终。您得庆幸自己不是坐在皇帝的宝座上，不然现在都性命不保了。

赵弘殷：听你这么说，我这心里舒坦了一些。不过，最近我倒是升了一小格，做了护圣都指挥使，虽然算不上

名人有约 MINGREN YOU YUE

什么大官，但也是略有长进吧！

越越：这个职位来得不容易吧？

赵弘殷：嗯，是我死里逃生，豁出性命才得来的。

越越：怎么个"死里逃生，豁出性命"法，可以给大伙儿具体说说吗？

赵弘殷：前段时间，节度使李守贞、王景崇和赵思绾造反的事情你知道吗？

越越：略微了解一点。您儿子不是跟着郭威去攻打李守贞了吗？

赵弘殷：嗯，我这边对付的是凤翔节度使王景崇。巧的是，我们在陈仓碰上对方的援军，于是便打了一仗。说来也倒霉，刚一交战，我的左眼就被人射中一箭。

越越：天啊！这可真要命啊！赶紧找军医看看！

赵弘殷：不成不成。临阵退缩，非好汉所为！我虽然不是好汉，但我也不是胆小鬼！

越越：那赵大人最后是忍着巨痛，率领部队打赢了这场仗吗？（赵弘殷点头）果然是有其父必有其子啊！

赵弘殷：我有四个儿子，两个女儿，除了大儿子赵匡胤，其他几个孩子都还小，不知道记者先生说的是哪位呢？

越越：当然是您的大儿子了。听说他在枢密使郭威手下做事，也立了不少战功，前途无量啊！

赵弘殷：（难掩自豪）犬子现在还只是个小小的亲兵，算不上什么有出息。

越越：话可不能这么说，这郭威可不是简单的人物。您儿子天天跟在他身边，耳濡目染的，将来肯定也是个郭威级的人物！

赵弘殷：呵呵，军队是个大熔炉，希望他跟着郭威，能学点用兵作战的真本领，好好地锤炼锤炼自己！

越越：正所谓乱世出英雄，让我们拭目以待吧！祝您官运亨通！

赵弘殷：谢谢，再见！

广告铺

 求职书

　　本人，男，现年二十多岁，身体健康，无不良嗜好，因游历本地，身无分文，现打算找一份事做。本人善骑、善射、善棍棒，若您需要武术教练或需看家护院，本人绝对符合您的要求。酬劳不用太高，管吃管住管盘缠就行。因为本人还要去全国各地游历一番。有意者请到南门大桥下找我。

求职人：赵某

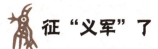 征"义军"了

　　为了抵抗契丹人的攻击，枢密使郭威大人准备领兵向北抗击契丹。现急需征用义军，每七户人家至少出一个男丁，自备铠甲和武器，于十一月集结，望大家踊跃参加。

枢密院

咏初日

　　太阳初出光赫赫，千山万山如火发。
　　一轮顷刻上天衢，逐退群星与残月。

赵匡胤

第 2 期
公元951年—公元954年

初试锋芒
赵匡胤

穿越报
CHUANYUE BAO

【烽火快报】
- 功臣一家被杀了

【叱咤风云】
- 澶州兵变，郭威披黄袍
- 赵匡胤为什么"抛弃"了皇帝？
- 新皇帝要御驾亲征？
- 高平之战，赵匡胤一举成名

【名人有约】
- 特约嘉宾：赵匡胤

【广告铺】
- 临终遗言
- 感谢马恩公
- 禁军招募令
- 长乐老人冯道与世长辞

穿越必读 CHUANYUE BIDU

郭威发动兵变，坐上了龙椅，跟在他身边的赵匡胤也飞上枝头升了官。在所有人都围着皇帝奉承拍马的时候，赵匡胤却离开皇宫，成了皇帝养子柴荣的亲信，从此走向了一条与众不同的成功大道。

烽火快报

FENGHUO KUAIBAO

功臣一家被杀了
——来自汴京的消息

平定了三镇，郭威算是立了个大功。然而，令人大跌眼镜的是，公元950年十一月，后汉都城汴京（今河南省开封市）传来了一个重大消息：功臣郭威一家被杀了！

郭威不但是开国功臣，而且又刚立新功，现在奉命镇守北方，为国家守卫边疆，他犯了什么事儿，惹得皇上要将他满门抄斩呢？

经过一番深入打探，记者终于找到一点蛛丝马迹。原来，刘知远去世前，担心儿子年少，不懂治国，于是找了五位辅国大臣一起辅佐刘承祐。这样皇帝就什么都不用管，形同虚设。

平定三镇后，刘承祐一心想把权力夺回来，尤其是郭威，他手握兵权，在军中威望极高，是个大大的威胁。于是，刘承祐先以"谋反"的罪名杀了三位辅国大臣，灭了他们的九族，接着，又暗地里派人去刺杀镇守北方的郭威，还把郭威一家满门抄斩，弄得整个都城血光冲天。

面对皇帝的步步紧逼，郭威又会做出什么样的举动呢？请看记者接下来的报道。

来自汴京的消息！

叱咤风云 CHIZHA FENGYUN

澶州兵变，郭威披黄袍

听到自己家被满门抄斩的消息，郭威悲愤交加。一年前，皇帝亲自跑到他家中，小心翼翼地请他出马平定三镇；一年后，却要了自己一家老小的性命！

是可忍孰不可忍！郭威立刻以"诛杀奸臣"的名义，马不停蹄地带军队杀回了汴京。刘承祐哪里是他的对手，没几个回合就被打败，仓皇逃跑，在混乱中被人杀了。

刘承祐死后，郭威进宫，觐见太后，要求她主持公道，说如果不是皇上听信谗言，把自己一家老小杀了，事情也不会闹成这样。

李太后见儿子已死，郭威又大权在握，也只好作罢。郭威于是率百官，请李太后垂帘听政。

李太后说："皇帝已经驾崩了，现在最重要的是大家推举出一位贤王，使我们大汉基业永传下去。"

众人经过商议，推选刘崇（刘知远的弟弟）的儿子刘赟（yūn）为帝。

可还没等事情商议完，边境就传来快报，契丹大军南侵。这时，朝中已经没有可以带兵的人了，李太后只能让郭威前去迎敌。

一路上，士兵们都在担心，刘赟当上皇帝后，多半不会放过他们。

走到澶州（澶chán，今河南省濮阳市）时，军中有个会观测天相的人发现，太阳东边有紫气朝郭威袭来，便大叫："大家快来看啊，这是上天要立郭公为皇上啊！"

将士们立刻会意，绕到郭威身边，请他登基做天子。

郭威大惊失色："你们这是在陷我于不义啊！"士兵们不由分说，扯来一张黄旗，裹在郭威身上。看着身披"龙袍"的郭威，士兵们欢声雷动，接着全都跪了下来，口呼"万岁"。

这是一个激动人心的场面。作为郭威的亲兵，这一幕深深地印在赵匡胤的心中。

回到都城后，郭威立即率亲信进宫觐见李太后，说："臣受三军拥戴，实在是身不由己。"李太后见形势已经走到这一步，也没有办法，只好顺水推舟，将皇位给了他。

第二年正月，郭威穿上了真正的龙袍，坐在了龙椅上，改国号为周（史称后周）。

让人深感欣慰的是，郭威一直对李太后毕恭毕敬的。可遗憾的是，他一登上皇位，就派人将刘赟杀了。可怜的刘赟连一天龙椅也没坐过，就命丧黄泉了。

赵匡胤为什么"抛弃"了皇帝?

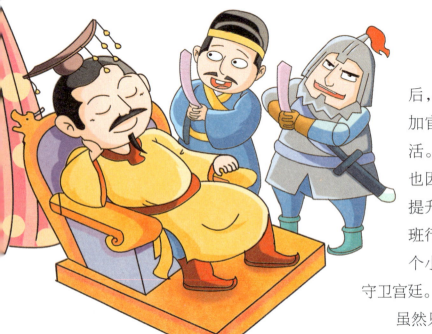

郭威当上皇帝后,手下的人个个加官晋爵,好不快活。当然,赵匡胤也因战功显赫,被提升为禁军的东西班行首(相当于一个小班长),负责守卫宫廷。

虽然只是个掌管禁军的小官员,但这表示,赵匡胤已经不再是兵,大小也是个官儿了,算是有很大的进步吧!

可赵匡胤并不满足于此,郭威没当皇帝的时候,赵匡胤跟在他身边,见识了不少大场面,学到了不少真本事。现在郭威当了皇帝,围在他身边的都是朝廷重臣,作为一个小小的禁军行首,再也不能像以前一样围着他转了。

以现在升职的速度,要升到皇帝跟前,不知道要等到何年

叱咤风云
CHIZHA FENGYUN

何月！与其这样苦苦等待，还不如另觅出路。

很快，赵匡胤接受汴京府尹（掌管京都的最高行政长官）柴荣的邀请，去了汴京府，担任马直军使，负责京城骑兵，成了柴荣的亲信。

很多人都不理解，赵匡胤放着皇帝的大腿不去抱，却去跟个地方长官混在一起，这是为什么呢？

如果你有幸看到柴荣的履历，你就会明白了。

柴荣，自幼因家道中落，在姑母家长大。年轻时，为补贴家用，外出做茶叶生意，因为性情沉稳、体贴家人，又天生是块做领袖的料，因此姑父特别喜爱他，干脆收他为养子。他的姑父就是郭威！

相信大家一定没有忘了，郭威一家已经被满门抄斩，只有郭威本人和养子柴荣因为远离汴京，活了下来。也就是说，他是当今皇上郭威唯一的"儿子"！

当然，这样的选择无异于一场赌博，因为谁也不知道郭威后面会不会生儿子，而且郭威还有一个亲外甥叫李重进，跟柴荣比起来，李重进似乎更有资格做皇位继承人。

那么，赵匡胤这次赌博到底是输了还是赢了呢？相信只有用时间来证明了。

新皇帝要御驾亲征？

　　幸运的是，这次赵匡胤赌赢了。公元954年，郭威驾崩。三十三岁的柴荣（即周世宗）即位，赵匡胤也随之回到了汴京。

　　柴荣刚登上皇位，问题就来了。原来，刘赟的亲生父亲刘崇听说郭威杀了他儿子，一气之下造了反，在太原称帝（史称北汉）。

　　刘崇无时无刻不忘为儿子报仇，可又打不过郭威，只好隐忍不发，静待时机。他等啊等，总算等到郭威"翘了辫子"，心中大喜，马上带着三万士兵，联合一万名契丹士兵，杀了过来，准备给柴荣一个下马威。

　　怎么办？

　　柴荣立刻召集文武百官，商量对策。可大臣们一个个装聋作哑，没人替他出主意。因为一来皇帝姓柴不姓郭，血统不够纯正；二来柴荣既没军功，又没威望，大家都对他不服。

　　没办法，柴荣只好主动提出了一个建议——御驾亲征，亲自去歼灭北汉那帮人！

　　可这个想法朝廷里竟没有一个人支持，反而引来了一阵讪笑。

叱咤风云 CHIZHA FENGYUN

老宰相冯道对柴荣说:"陛下,刘崇只有三四万兵力,又是先帝的手下败将,您派位大将抵挡一下就是了,何必这么兴师动众呢?"

柴荣可不这么想,他说:"刘崇看我年轻,又是刚刚即位,一心想吞并我,所以他一定会亲自上阵,因此我也必须亲自迎敌。以前唐太宗平定天下,哪一次不是亲自领兵,我又如何能做贪生怕死之辈?"

谁知冯道接着来了一句:"还不知道陛下您能不能成为唐太宗呢!"

听了这话,柴荣十分尴尬,但他还是坚定地说:"以我朝强大的兵力,打败刘崇就像泰山压碎鸡蛋一样!"

冯道不依不饶地说:"不知陛下能成为泰山吗?"

柴荣气坏了,但碍于冯道的威望不好发作,满朝文武官员几乎都在附和冯道,只有少数几个人赞成皇帝御驾亲征。

在这种情况下,柴荣会做出怎样的抉择呢?

BAIXING CHAGUAN 百姓茶馆

这个皇帝真能拼

我们皇上准备亲自出征了！唉，他刚即位，人心还未稳定，就这样冒险，我看很不靠谱啊！

茶馆张老板

城东刘铁匠

那能怎么办呢？朝中那帮老家伙没一个人支持他。要是守着京师，对刘崇不闻不问，不是当缩头乌龟了吗？如果赢了这场战争，就能控制军队，掌握朝中大权。依我看，这个新皇帝有想法！只是不知这次会派谁去打先锋呢？

当然是身边最亲近的人啦！那殿前都指挥使张永德可是先帝的女婿，陛下的表姐夫。谁比他更有资格做先锋呢？

城西李铁匠

布店陈老板

谁规定用人就一定得用亲戚呀！陛下还没当皇帝的时候，就提拔了一批年轻的将领，比如赵匡胤，说不定这次的先锋官就是他呢！

哈哈，你们都错了，陛下已经决定自己打先锋了！为了在那帮老臣面前树一下权威，他这次也是够拼的！让我们等他的好消息吧！

茶客老王

叱咤风云 CHIZHA FENGYUN

高平之战，赵匡胤一举成名

公元954年三月十九日，刘崇带领着一队人马，风风火火地向汴京进军。在高平（今山西省高平县），刘崇和柴荣的部队不期而遇。

让人没想到的是，才刚开打，刘崇的军队就往后撤。后周军队不明所以，追着他们一路狂跑，就这样进了刘崇的埋伏圈。刘崇早就带了一大队人马在那里候着了！

而这一切，柴荣好像什么也没看见，依然坚定地发出了向敌人进攻的命令——一路从西边进攻，一路从东边进攻，另一路从中间突围。

就在这时，一阵北风向后周的军队刮了过来。如果北汉军队此时发起进攻，后周必败无疑。然而，刘崇此时却纹丝不动，仿佛在等待着什么。

不料，那风猛地掉了个头，又向北汉军队刮了过去。后周将士顿时松了一口气，放松了警惕。狡猾的刘崇却在这时发起了

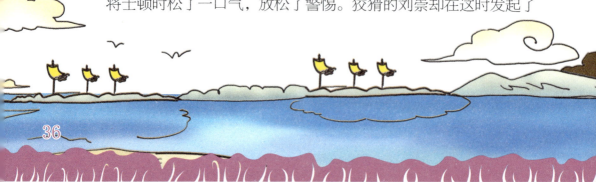

叱咤风云
CHIZHA FENGYUN

攻击，打了后周军队一个措手不及。

东路军的两个指挥使见战事不利，立刻灰溜溜地逃离了战场。原本人心不稳的后周军顿时陷入一片混乱，有的人甚至向着刘崇高喊"万岁"！

在这万分危急的时刻，柴荣做出了一个令人目瞪口呆的举动——他居然在单枪匹马的情况下向刘崇冲了过去！

见此情景，负责皇帝安全的赵匡胤从人群里冲了出来，对张永德大喊："将军，请马上带人向左冲，在坡上向敌人放箭，我带人向右冲！对方只是暂时占了上风，我们还有中翼和西翼，还没有败！"

张永德一开始也慌了神，听赵匡胤一说，立刻定了神，给了赵匡胤两千人马，两人依照计划分头行动。

赵匡胤冲到阵前，对着士兵们大喊一声："皇上身处险境，我们怎可不拼死杀敌！"说完身先士卒，冲向敌阵。

士兵们深受鼓舞，一齐杀进敌阵，个个以一当十。一番苦战后，北汉军队被打得七零八落，节节败退。刘崇见势不妙，骑上自己的宝马，转身就逃。

赵匡胤带人策马直追，一直追到太原城，见太原城

叱咤风云 CHIZHA FENGYUN

门难以攻下,便放了一把火,把城门给点着了。

城门虽然坚固,可毕竟是木头做的,被火一烧,不一会儿就成了木炭。城门一毁,赵匡胤二话不说,冲了进去。

没想到城里早已布满弓箭手,无数支箭朝他射了过来。一不留神,赵匡胤的左手臂中了一箭,被迫退出城门。包扎好伤口后,赵匡胤还想再往里冲。

这时,柴荣赶了过来,一把拉住赵匡胤,不准他再冒险,他这才罢手。

虽然最后没能一举歼灭敌军,但北汉从此再也没有能力对后周发动大规模的战争了。而赵匡胤凭借在这次战斗中的英勇表现,一跃成为皇帝眼前的红人,一战成名。

鸿雁传书

如何处理逃兵？

穿穿老师：

你好！想必你已经知道朕刚刚在高平打了一个大胜仗，虽然胜了，但我还是心有余悸。如果以后每次打仗都要我亲自当突击队长，这险也冒得太大了吧！

更让我难以忍受的是，打仗的时候，有些将领临阵逃脱，打完仗之后，他们又像没事一样回来了！他们当了叛徒，当了逃兵，怎么还有脸回来呢？这简直是对我的侮辱！

但朝中有人替他们求情，所以我只好暂时把他们关了起来。我应该饶了他们吗？

柴荣

陛下：

听说这几天您一直把自己关在屋里，想必是为这些事情头疼吧。

说实话，胜败乃兵家常事，谁没有打过胜仗，谁没有逃跑过？而且以后打的仗还多着呢，还不是要继续用他们这帮人，所以这种事也没什么大不了的。如果您想维持现状，按以前的规矩，您应该放了他们。

但是，如果您想平定四海，统一天下，没有军纪军规，就算有百万雄师，也不可能为陛下所用。陛下，如果现在饶了他们，以后一定会有人效仿，到时军心会更加涣散。以后出兵，恐怕陛下次次都得当"突击队长"了。

《穿越报》编辑 穿穿

【柴荣依法斩杀了那两个临阵脱逃的指挥使及其部下七十余人，并让赵匡胤对全国军队进行了整编，大大加强了军队的战斗力。】

名人有约 MINGREN YOU YUE

赵匡胤 特约嘉宾

越越 大嘴记者

嘉宾简介： 他骁勇善战，身手不凡，身处险境也能力挽狂澜；他重情重义，广结良朋，连皇帝也把他视作兄弟。经历了战争的洗礼后，他已经不再是当初那个懵懂少年，而是位高权重的禁军将领。他就是刚满二十八岁的殿前都虞侯——赵匡胤。

越　越：赵将军，您好！听说您最近荣升为殿前都虞侯了。不少读者来信祝贺您，请问您有什么话要说吗？

赵匡胤：首先我得谢谢我的父母，是他们生养了我；其次我要谢谢张永德张兄弟，是他向皇帝推荐了我；最后，我要谢谢当今皇上，能遇到这么一位英主，是我的幸运。

越　越：据我所知，这殿前都虞侯是禁军的三大最高职位之一。能坐到这个位置，光凭运气是不够的吧？

赵匡胤：（点点头）"一将功成万骨枯。"一个军官成功的背后牺牲的士兵是难以计数的。可怜这些兄弟，一场仗打下来，说没就没了……（擦眼泪）

越　越：（安慰地）您也别太伤心了，有战争就有伤亡，好好珍惜活着的人才是。

赵匡胤：（破涕为笑）说得对，还是你们记者有水平。逝者已矣，我还有很多兄弟都活着，不是吗？

越　越：说到兄弟，听说这次您趁整编禁军之际，与九个人结成了生死之交，还成了老大？

赵匡胤：（眉飞色舞）哎呀，这都被你知道了呀！看来我们"义社十兄弟"的

名人有约

越　越：名声还不小嘛！

越　越：那是当然。除了您以外，其他都有谁啊？

赵匡胤：他们分别是杨光义、石守信、李继勋、王审琦、刘庆义、刘守忠、刘廷让、韩重赟和王政忠。

越　越：哇，这些可都是身居要职、手握重兵的军官呀！您与他们这么亲近，不怕别人说您拥兵自重、图谋造反吗？

赵匡胤：（一脸凛然）我赵匡胤深受大周两代皇恩，忠心耿耿，天地可鉴，怎么会造反呢？

越　越：话不能这么说，当年周太祖郭威不也是被逼上那条路的吗？

赵匡胤：（面带不悦）小记者，这话要是传了出去，可是要掉脑袋的啊！

越　越：（汗）哎，都怪我，满嘴"跑火车"！（赶紧转移话题）对了，有些事我想跟您求证一下。

赵匡胤：什么事？

越　越：不久前，有人看见您骑着一匹马在汴京城里不停地跑，直到马儿累得都走不动了，才停下来。大伙都说那是因为您犯了军纪，所以皇上罚您围城跑圈呢！

赵匡胤：（仰头大笑）哈哈哈！

越　越：（十分不解）您笑什么呀？

赵匡胤：你们想象力可真丰富！那是皇上嫌皇都太小，让我骑马跑了一百里，并以此为界，准备扩建汴京城呢。

越　越：哦，原来如此。那还有一件事情肯定是真的！

赵匡胤：什么事？

越　越：（弱弱地）听说多年前，您曾从一帮强盗手中救了一位名叫赵京娘的姑娘？

赵匡胤：行侠仗义的事我倒是干过不少，但这个赵京娘我没有什么印象啊！

越　越：不可能吧，听说那姑娘长得挺漂亮的，美女您不记得了吗？哎，赵将军，您别走呀，我还没说完呢……（追了上去）

广告铺

临终遗言

朕死后，请勿用金银珠宝陪葬，将纸衣、瓦棺下葬就可以了；也不要雕什么石羊石虎，只要在碑上刻上：周天子平生俭朴，遗令将纸衣、瓦棺下葬。这些字就可以了。

郭威

感谢马恩公

为了感谢千里良驹黄骠马的救命之恩，本人将为马恩公打造马舍一幢，用金银装饰，并封为"自在将军"，享三品俸禄。

刘崇

禁军招募令

朕发现军中良莠不齐，不少人滥竽充数，势强则战，势危则降，这样的军队，难担大任，说不定哪天朕就被卖了。

为此，朕决定趁这段休整的时间，对军队进行整治，凡老弱病残者统统回家休养；凡身体强壮的汉子，全部充入禁军，由朝廷直接检选。有真本事的，大家尽管亮出来，功夫好的，提升为禁军头领。望大家踊跃报名。

柴荣

长乐老人冯道与世长辞

冯道历四朝宰相，三任中书，在相位二十年，辅佐过十位皇帝，一生清廉，为后周鞠躬尽瘁。如今他驾鹤西去，皇上深感痛心，特辍朝三日，命全国为他哀悼三日，以示对他的怀念之情。

后周礼部

穿越报
CHUANYUE BAO

第 3 期
公元955年—公元956年

人红压力大
赵匡胤

【烽火快报】
• 柴荣在下一盘很大的棋？

【叱咤风云】
• 一项艰巨的任务
• 我的成功可以复制
• 谈判也不顶用了

【名人有约】
• 特约嘉宾：柴荣

【广告铺】
• 关于粮食损耗的新规定
• 通告
• 拆庙告示

【智者为王】
• 第1关

穿越必读 CHUANYUE BIDU

高平之战后，赵匡胤成了皇帝眼前的红人。可是，人红压力大，每到关键时刻，皇帝第一个想到的就是他。赵匡胤能担当大任吗？在烽火连天的岁月里，他是如何成为后周军队中一颗闪亮的新星的呢？

烽火快报 FENGHUO KUAIBAO

柴荣在下一盘很大的棋？
——来自后周前线的加密快报

高平大捷，终于让柴荣在众大臣面前挺直了腰杆。志向远大的他信心百倍地开始了下一步计划！

公元955年四月，记者收到一个消息：柴荣要把被后蜀抢走的秦州（今甘肃省天水市）、凤州（今陕西省凤县）、成州（今甘肃省成县）、阶州（今甘肃省陇南市武都区）四州给抢回来，并且，已经打了好几个胜仗！然而，由于后周军队长途劳顿，粮食等物资严重不足，打到一半，仗就打不下去了。大臣们纷纷主张撤兵，但皇帝却很不乐意。这是为什么呢？

经过一番深入调查，记者大吃一惊：原来此次举兵，只是柴荣的一次试验。如果试验成功，他的下一步计划是攻打南唐！

众所周知，南唐目前是天下最安定、最富强的地方，这几年来又连续吞并了周边好几个小国家，国土面积几乎和后周不相上下。

只可惜现任皇帝李璟是个有名的文人，喜欢吟诗诵词，饮酒享乐，希望能够与邻国和平共处。他根本就不知道，他的邻居想要的是整个天下！

这么看来，柴荣在下一盘很大的棋！那么，现在他是选择撤，还是继续打呢？请关注本报接下来的报道。

> 来自后周前线的加密快报！

HONGYAN CHUAN SHU 鸿雁传书

皇帝和大臣，该站在哪一边？

穿穿老师：

您好！还记得我吗？我是曾经的流浪汉赵匡胤。

这次出兵四州，我军碰到了一点小小的挫折。陛下让我赶往前线去刺探敌情，再决定是撤兵，还是继续进攻。

就目前的情况来看，四州之中，凤州是咽喉，先攻取凤州，秦州就孤立了，再攻下秦州，另外两个州就会自动归降。但这只是我的初步判断，能不能打赢，还是个未知数。

现在朝廷众多大臣反对继续进攻，如果我主张撤兵，那就合了他们的意，我也能够全身而退；如果我主张继续攻打，就明摆着跟众大臣唱反调。万一输了，我肯定是吃不了兜着走。我该怎么办呢？

赵匡胤

赵将军：

您好！我理解您现在的处境，您就像一块夹心饼干，无论是偏向哪一方，都会影响您的前程。

据我了解，朝中反对皇上的人实在太多了，一个冯道倒下了，千万个冯道又站了出来。但这次出兵，皇上是志在必得。既然皇上把这样的重任托付给您，说明他对您的重视，也说明他相信您的判断力和观察力。

"千金易得，知己难求。"您侦查的结果是怎样就怎样，请大胆直说吧！至于皇上要做什么决定，就由不得我们了，不是吗？

《穿越报》编辑

【柴荣听了赵匡胤的调查结果，大喜。几个月之后，四州果然全部收复了。】

叱咤风云 CHIZHA FENGYUN

一项艰巨的任务

收复了四州，柴荣有了底气。公元955年十一月，柴荣向南唐发起了攻击。第一个目标就是南唐的门户、军事重镇——寿州城（今安徽省寿县）。

当后周军队信心满满地抵达寿州城下时，却发现寿州城是一块相当难啃的硬骨头，围攻了一百天，怎么也攻不进去。

这样的战报，让柴荣非常不爽。他再次披上战袍，亲临战场，并发布了一道惊人的圣旨：立刻征调十万壮丁，日夜不停地攻城，直到攻下为止！

然而，更加惊人的结果是一个月的强攻后，寿州城依旧岿然不动！与此同时，敌人的两万援军赶了过来，把后周军队围住。后周军队腹背受敌，形势非常不利。

当务之急，是要把寿州城边上的援军消灭干净。可是，后周的大部分兵力都用来攻城了，不能随便调动。

关键时刻，柴荣叫来赵匡胤，说："朕给你五千人马，你去把附近所有的南唐援军干掉，能行吗？"

周围的将领听了，大吃一惊。五千对两万，这几乎是不可能完成的任务！出人意料的是，赵匡胤立刻召集人马出发了。

叱咤风云

  这一次，赵匡胤面对的是一个相当强劲的对手。对方除了在数量上占据绝对优势外，还拥有强大的陆军、水军，以及可攻可守、机动灵活的战舰。别说五千人，就算是同等数量的人马，如果正面交锋，也未必能取胜。

  对这一点，赵匡胤也很清楚。所以，他决定放弃强攻，用计智取！主意一定，他带着百名骑兵，冲向南唐军营。南唐军首领见有人不自量力送上门来，乐了，立即率领一万多人冲了出来。

  没打几个回合，赵匡胤假装交战不利，带着队伍撒腿就跑，南唐军大喜。原来，后周军的大本营在南边，赵匡胤却带着人往西边跑。南唐军以为他们吓傻了，连方向都跑错了，兴冲冲地一路紧追，一直追到涡口（今安徽省境内）。

  而这时，赵匡胤的其他人马早就埋伏在了涡口，给南唐军来了个瓮中捉鳖，一下歼灭了这一万多人。之后，赵匡胤又乘势反攻，把寿州以北的南唐援军一网打尽。

  至此，赵匡胤出色地完成了这一项艰巨的任务。

瓮中捉鳖！

CHIZHA FENGYUN 叱咤风云

我的成功可以复制

带着胜利的果实,赵匡胤回到了大本营。

柴荣当众夸奖了他一番后,又问:"北方的威胁虽然解除了,可现在最大的威胁来自东方的滁州,你能拿下它吗?"

这话一出,所有人都没了声音,眼睛齐刷刷地看向赵匡胤。

就在大家都以为他会拒绝的时候,却传来一个不可思议的回答:"好的,陛下,我这就去拿下滁州城!"

柴荣问:"你要多少人马?"

赵匡胤回答:"上次那些就足够了。"

将士们以为他在开玩笑,连柴荣都有些惊讶。因为滁州比寿州险上百倍,前面不但有两座大山,还有一道险要的关口——清流关,守关的是老将皇甫晖,手下足足有十万雄兵。

以五千兵力对十万大军,连傻瓜都看得出来,这样悬殊的对比,赵匡胤摆明是去送死!

但是,赵匡胤还是接受了这项新任务——攻打滁州城!

出征的路上,大家的心情非常沉重。只有赵匡胤心情愉悦,还把自己的铠甲、兵器擦得锃亮锃亮的。

叱咤风云 CHIZHA FENGYUN

手下劝他小心点,别让敌人认出他来。他回了一句:"我就是要让他们知道我是谁!"

到了清流关,他又把所有兵马都排了出来,自己衣着光鲜地站在队伍的最前面,向南唐军宣战。

皇甫晖疑心又有埋伏,让军队不要轻举妄动,以守为攻,安排好一切后,才放心回去睡觉。

然而,第二天天刚亮的时候,关内突然杀声四起。赵匡胤他们不知从哪里杀进来了!

原来,在南唐军酣睡之时,赵匡胤和士兵们将马匹、辎重全都扔在了营地,他们换上便装,连夜爬山,赶在天亮之前,绕到了清流关的后面,给南唐军来了个措手不及。

南唐守军顿时惊慌失措,乱成一团,十万士兵足足折损了一半,剩下的一半跟着皇甫晖逃到了滁州城里。

赵匡胤哪肯罢休,带着人马一路追到了滁州城外,吓得皇甫晖把护城河上的吊桥都给拆了。没想到,后周的将士们纷纷跳进河里,像鱼儿一样游到了对岸。

见后周军如此咄咄逼人,皇甫晖火气上来了,伏在城墙上向下喊道:"赵匡胤,咱们各为其主,你不要欺人太甚,有本事等我打开城门,列好队伍,咱们真刀真枪干一场!"

赵匡胤正愁找不到办法打开城门,听皇甫晖这么一说,高兴地笑了,说:"好啊!"

皇甫晖果然打开城门,赵匡胤带领军队,冲了进去。见后

叱咤风云 CHIZHA FENGYUN

唐军围拢过来，赵匡胤大喝一声："我的目标是皇甫晖，与其他人无关，你们统统让开！"后唐士兵被他的气魄震住，纷纷躲避。

赵匡胤一路冲到皇甫晖面前，三两下就将他挑落下马。主将已死，后唐军一看没戏了，纷纷缴械投降。就这样，赵匡胤再一次以少胜多，拿下了滁州城。

百姓茶馆 BAIXING CHAGUAN

还能坚持多久？

唉，连滁州城也被占领了，要知道它可是有清流关这样的天险守护啊，看来我们真是小看柴荣了。

南唐士兵甲

南唐士兵乙

如今只剩下寿州城还在苦守着，但这样下去能坚持多久呢？依我看，寿州失守也是迟早的事情。

确实是啊，占领了滁州，就相当于截断了南唐的后援，将寿州完全孤立了起来。那柴荣还御驾亲征，看来是下定决心要夺取寿州，不达目的誓不罢休啊！

南唐士兵丙

南唐某军军师

寿州是南唐的咽喉之地，如果被攻破，后果不堪设想。我觉得，趁现在寿州还在手上，咱们应该积极和后周谈判，不惜一切代价保住寿州城。要是连寿州都失陷了，南唐也就完了！

叱咤风云　CHIZHA FENGYUN

谈判也不顶用了

公元956年，南唐已经到了最危急的时刻，从来没有上过前线的李璟不得不派出钟谟、李德明两位使者，带着大量的金银财宝和绫罗绸缎来到后周军营。

柴荣当然明白李璟的用意，不用说，这两人是来游说他罢兵的。但面对即将到手的淮南地区，柴荣怎会放弃呢？又怎么会跟失败的对手议和呢？

为了显示后周天子的尊严，接见那天，柴荣令士兵全副武装，摆出一副剑拔弩张的架势。

两位使者穿过"枪林刀丛"，来到柴荣跟前，还没来得及开口说话，就听柴荣厉声责问道："听说你们的君主自称唐朝皇室的后裔，那就应该懂得一些邦交礼仪。咱们两国只有一水之隔，你们从不派人来建立睦邻友好关系，却舍近求远，偷偷派使者走海道联络

叱咤风云 CHIZHA FENGYUN

契丹和北汉，企图南北联手，扰乱中原。这算哪门子礼仪？"

两位使者听了，吓得面面相觑，不知说些什么。

柴荣接着说："你们是来求和的吧！我可不像战国时那六个愚蠢的君王，因为你们的几句话就改变主意。回去告诉你们的主子，马上来见我，下跪认错，不然的话，我就亲自到金陵走一趟，用你们的国库来慰劳我的军队！到时候，你们可别后悔！"

一听这话，两位使者吓得浑身哆嗦，大气都不敢出，谈判就这样破裂了。看来，南唐君主李璟的日子不好过了。

名人有约

越越 大嘴记者

柴荣 特约嘉宾

嘉宾简介：他曾经只是一个商人，却因为一个偶然的机遇，登上了皇位。为了证明自己的实力，他力排众议，御驾亲征，以实际行动打出了一个帝王的威严。他就是励精图治、时刻准备统一天下的后周世宗皇帝——柴荣。

越越：皇上，听说您最近又御驾亲征了，辛苦辛苦。请问您为什么选择先打南唐，而不是其他国家呢？

柴荣：在出兵前，我也苦恼过。你也知道的，我们的北面是北汉和契丹，南面是南唐，西南是后蜀。

越越：是啊，这四面都是肥肉，从哪里下嘴是个问题。

柴荣：我一个人想得脑壳疼，就丢给官员们去想。还真有人想出了好办法。

越越：谁？

柴荣：一个叫王朴的人，官虽不大，见解却十分精辟。他替我分析了一下当前形势，建议我先从南唐这个弱小的国家下手，再图谋北汉和契丹。

越越：嗯，南唐弱小吗？它是出了名的有钱啊！

柴荣：这你就不懂了吧？有钱不代表有战斗力，光有钱没有战斗力是最好的作战目标了。

越越：唉，我是他们皇帝李璟的"粉丝"啊，非常喜欢他那句"小楼吹彻玉笙寒"。据我了解，李璟很希望和您和平共处，做个好邻居……

柴荣：他希望和平共处？他是希望继续过花天酒地、吟风弄月的日子吧。可老百姓现在过的是什么日子，他

名人有约 MINGREN YOU YUE

知道吗？我要的是天下统一，是全天下的老百姓都过上好日子！

越越：唉……这个皇帝确实有点不争气，只适合做文人，不适合做皇帝。

柴荣：你终于明白了，孺子可教，朽木不可雕呀！

越越：您这是赞我，还是骂我呢？算了，可现在南唐还没攻下，您就打了这么多仗。这打仗可是要花钱的呀！现在您从哪儿弄这么多钱呢？

柴荣：你知道天底下最有钱的是哪些人吗？

越越：当然是皇帝您呀！

柴荣：非也！是那些出家人。

越越：不会吧？出家人粗茶淡饭，穿的是布衣麻衫，会有那么多钱吗？

柴荣：你不知道吗？一直以来寺庙都不用交税，国家还要提供土地让他们建房，所以这些出家人既占有大片土地，又不用缴税，能不有钱吗？

越越：天啊，那我们国家的寺院有三万多座，僧尼更是多达百万，岂不是很有钱……

柴荣：嗯，就因为这个，这些年很多老百姓都出家了，有逃避军役的，有杀人的，有偷盗的，还有穷得揭不开锅的……什么乱七八糟的人都有，所以我也想借此机会清理下佛门。

越越：那您是如何清理的呢？

柴荣：很简单，我派人拆了寺庙，毁了佛像，命和尚们还俗，毁掉的佛像用来铸铜钱，让还俗的和尚去当兵，还回收了不少土地，一举多得！

越越：这样做，百姓不会不满吗？

柴荣：暂时的不满就随他去吧。我的目标是做三十年皇帝：十年开拓天下，十年养百姓，十年致太平。

越越：三十年？那陛下切不可过于操劳，要好好休息了！

柴荣：我现在这么年轻，等我做的事情还有很多，怎么能休息呢？好了，公务繁忙，今天就不多聊了，以后再说吧！

越越：陛下，您可千万要保重啊！再见！

广告铺

关于粮食损耗的新规定

在运送途中，粮草难免有损耗现象，可自后晋、后汉以来，朝廷严禁出现这种损耗，因此很多官吏被判处死罪。我认为这条规定过于苛刻，从今天开始，每斛（hú）粮食允许损耗一斗，在此范围内，相关人员不必担责。

皇帝柴荣

通告

为了给国家选拔人才，从今天开始，翰林学士及门下和中书两省官员均可向朝廷举荐县令、录事参军等优秀人才，同时记录荐举人的姓名。倘若被举荐人贪污腐败，举荐人也一同获罪。

皇帝柴荣

拆庙告示

凡在后周国境内的佛教寺庙，除有皇帝册封的外一律拆毁。以后无论是皇亲国戚还是贵族大臣，任何人不得奏请建造寺院或剃度为僧。

对执意要出家的人，必须先经过官府同意，还要得到家长的许可，男的须满十五岁，女的至少到十三岁。如有违抗，严惩不贷。

皇帝柴荣

智者为王 ZHIZHE WEI WANG

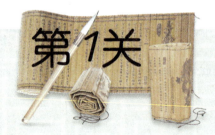

第1关

智者无敌 王者为大

1. 赵匡胤出生在哪个朝代？
2. 赵匡胤的父亲叫什么名字？
3. 契丹人建立的国家叫什么？
4. 哪个皇帝认契丹人做爸爸？
5. 赵匡胤离家出走后，去投奔的第一个人是谁？
6. 郭威和柴荣是什么关系？
7. 柴荣第一次御驾亲征是哪次战役？
8. 高平之战后，赵匡胤被封为什么？
9. 历四朝，三任中书，在相位二十年，自称"长乐老人"的人是谁？
10. 哪位将领带领后周军队取得涡口大捷？
11. 寿州之战中，李璟派了哪两个人去游说柴荣撤兵？
12. 在征伐天下之前，柴荣给大臣们出了两个题目，分别是什么？
13. 清流关的守将是谁？
14. 柴荣采取了谁写的《平边策》？

穿越报
CHUANYUE BAO

第4期 公元956年—公元958年

功名与亲情
赵匡胤

【烽火快报】
- 滁州城里来了个书生

【绝密档案】
- 我的名字叫赵普

【叱咤风云】
- 父亲，心中永远的痛
- 与李景达过招
- 雄赳赳、气昂昂，跨过扬子江

【名人有约】
- 特约嘉宾：李重进

【广告铺】
- 新历法实施通告
- 白甲军征兵广告
- 关于田地的新规定

穿越必读 CHUANYUE BIDU

凭借一系列骄人的战绩，赵匡胤声名大噪，并成为滁州城的"一把手"。然而忠孝难两全，在建功立业的过程中，赵匡胤永远地失去了父亲赵弘殷……

烽火快报 FENGHUO KUAIBAO

滁州城里来了个书生
——来自滁州的消息

攻克了滁州城，赵匡胤自然而然地成了后周驻守此地的将领。俗话说得好，"攻城容易守城难"。滁州地广人多，赵匡胤既要整肃军队，又要管理街道、集市、小商小贩，时不时还有一些强盗匪徒来给他添乱。

面对着没完没了的公务，赵匡胤就一个字——"烦"！

幸好这时，在宰相范质的举荐下，朝廷给他派了一个人过来，协助他处理这些鸡毛蒜皮的小事。

这个人名叫赵普，就像他的名字一样，人长得也是普普通通，年纪比赵匡胤大五岁，性格沉默寡言。虽然是个书生，但其实他并没有读过多少书。

很难想象，这样一个走在人群里毫不起眼的人，能帮赵匡胤打理好滁州的事务吗？

俗话说："路遥知马力，日久见人心。"这一切，还需要用时间来证明。

JUEMI DANGAN 绝密档案

我的名字叫赵普

翻开赵普的履历，你会发现这个人的经历十分简单。他曾经在大将刘词府中做过幕僚，但因为做的全是幕后工作，所以也没什么名气。但刘词很欣赏他，临死之前将他郑重地推荐给了柴荣。

只可惜柴荣身边的人才太多，根本没注意到赵普。虽然勉强给了他一官半职，但仍旧是个不起眼的小角色。这不，滁州一攻下来后，皇帝便将他"丢"给了赵匡胤。

一开始，对这个文弱书生，赵匡胤并没有什么特别的印象。直到有一天，发生了一件事。

一天，赵匡胤的手下抓到一百多名强盗，这些人趁火打劫、扰乱治安，给滁州百姓带来了很大困扰。为了杀一儆百，赵匡胤下令将他们统统斩首。

这时，一个声音冒了出来："将军，在混乱之中逮捕的人，一定有很多是被冤枉的，请允许我再审理一下。"

赵匡胤一看，说话的居然是平时不怎么吭声的赵普，就有些不高兴了，瞪了他一眼。出人意料的是，赵普居然毫不退让。没办法，赵匡胤只好把这件事交给他处理。

没想到，一番审讯之后，果真有不少人是被冤枉的，于是，赵普就把无罪的人统统释放了。

经过这件事，赵匡胤对赵普刮目相看。从此以后，赵普成了赵匡胤手下一个重要的"智囊"。

鸿雁传书 HONGYAN CHUAN SHU

南唐"第一猛人"来了，怎么办？

穿穿老师：

您好，前不久我派大将韩令坤带兵攻取了扬州，后又顺便拿下了泰州。也许是我的步子迈得大了点，把李璟给惹急了。前方报告说，李景达带了几万人马，开始猛烈地反攻。这个李景达是南唐"第一猛人"，来势凶猛，一过长江就收复了泰州，又直逼扬州，现扬州守军不过才区区几千人而已。

刚刚接到消息，扬州守将韩令坤弃城逃跑了。扬州是江北重镇，要是守不住，我之前的努力可就白费了。您有什么好办法帮我保住扬州吗？

柴荣

陛下：

您好！南唐皇帝虽然软弱，但他也绝不会束手就擒，您对他步步紧逼，怎能不引起他的反抗？

两军交战，最重要的是士气。本来你们打到这一步，胜利已近在咫尺，但韩令坤这一逃，军队如一盘散沙，斗志涣散，势必给对方可乘之机，且亦会影响到整个军队的斗志，后果不堪设想。

现在最好的办法，就是同时派遣援军和监军，务必守住扬州。赵匡胤治军严明，派他去最合适不过了。希望此条建议对您有帮助！

《穿越报》编辑

【柴荣立即下令让赵匡胤前往扬州救援，并同时监督将士守城。】

BAIXING CHAGUAN 百姓茶馆

逼出来的胜利

聚友茶馆王老板：听说韩令坤从扬州逃出来没多久，就在六合遇上了赵匡胤。这赵匡胤是受了皇上的命令前来监军的，这下可有好戏看了。

教书李先生：赵匡胤和韩令坤是好朋友，两人从小玩到大，关系铁得很呢！我看赵匡胤多半会睁一只眼，闭一只眼，放走韩令坤。

李铁匠：那可不一定。要说治军严明，没有几个人比得上赵匡胤。他是出了名的铁面无私、法不容情，才不管你是谁呢！据说为了逼韩令坤回战场，他下令所有士兵守在六合，敢逃跑的，就砍断他的双脚。

刘书生：听说韩令坤已经带人杀回扬州去了，这一次他誓与士兵同生死，还说谁要再敢逃跑就斩立决。军队因此士气大涨，杀得后唐军嗷嗷叫，连将军陆孟俊都被擒了。看来，还是要给点压力才有效果啊！

父亲，心中永远的痛

扬州守住了，后周的将士无不欢欣鼓舞，唯独赵匡胤情绪低落，神色悲伤。原来，就在他援救扬州的时候，他的父亲赵弘殷去世了。而且对父亲的死，赵匡胤有着不可推卸的责任。这是怎么回事呢？

一切还要从赵匡胤镇守滁州时说起。那是一个深夜，滁州城天寒地冻，寂静无声，突然，城门上守夜的士兵听到下面有人喊话，说是赵将军的父亲来看他了，请求将城门打开。

赵匡胤接到消息后，立即登上城门。父子俩虽然同朝为将，但是见面的机会却很少，这次父亲突然前来看望他，也不知是真是假？

赵匡胤站在城门上，向下一望，下面的人果真是父亲赵弘殷。可他为什么会在这儿呢？

原来，赵弘殷跟随韩令坤去攻打扬州，可半路突然发了病，只得打道回府。一路上，他听到儿子夺得滁州的消息，便特意绕道来看他。

能在战场上见到父亲，赵匡胤自然十分激动，但出人意料的是，他并没有打开城门接父亲进城。

叱咤风云 CHIZHA FENGYUN

原来，后周律法规定，城门只能在黎明时开启。身为滁州城的守将，怎么可以公开违背律法呢？

所以，即便城门外的人是自己的父亲，那也不行！

就这样，尽管滁州城就在眼前，赵弘殷却不得不在外面待了整整一夜。直到第二天清晨，赵匡胤才亲自把他迎进城。但吹了一夜寒风之后，赵弘殷的病情更加严重了，连路都走不动，只能留在滁州。

此时，赵匡胤又接到出兵扬州的命令，只好抛下病危的老父亲，急匆匆地奔赴战场，谁知这一走，竟成了父子俩的永别。得到父亲去世的消息后，赵匡胤感到深深的内疚和自责，这也将成为他心中永远的痛。

与李景达过招

扬州出兵失利,李景达又带着两万人马,风风火火地赶去两国的交战中心——寿州。

不巧的是,军队经过六合时,与赵匡胤的部队撞了个正着,一场大战在所难免。

这场大战对赵匡胤来说可没那么好打。

李景达有两万名精兵,赵匡胤却只有区区两千人马。一旦打起来,赵匡胤的军队就如同是砧板上的肉——任人宰割。

如果撤退的话,相信没有人会怪他,因为双方的实力实在太过悬殊。更何况,他主要是来监军的,又不是来打仗的。但是,选择后退的话,李景达的部队将会直达寿州,打乱皇上的整个布局,后果不堪设想。

思前想后,赵匡胤最终还是选择与敌人周旋。之后,他做出了一连串惊人的举动。

首先,他把所有兵力集结到一起,不让对方知道自己有多少兵马。

然后,把自己的军旗高高地竖起来,让对方知道是谁来了。

最后,他做了一件很冒险的事。他穿上漂亮的黄金铠甲,骑上高头大马,在南唐的军营前晃来晃去,一副耀武扬威的模样。

叱咤风云

南唐军见赵匡胤招摇过市，不知道他到底搞什么鬼，因此没敢轻举妄动。这种结果正是赵匡胤想要的，迷惑对方，拖延时间。

这样一直持续了四天，李景达再也忍不住了，下令向后周军的营寨进攻。

没想到，战争刚开始，一大群后周士兵就像疯子似的冲了出来，将南唐军惊得目瞪口呆——见过不要命的，可没见过这么不要命的。

他们当然不知道，赵匡胤站在这群士兵的后面，无论谁临阵退缩，他就会拿剑在他们的头盔上劈一道记号，等回营后再跟他们算账。

士兵们唯恐赵匡胤的剑劈向自己，一个个如狼似虎，玩命杀敌。南唐军见状，吓得屁滚尿流，落荒而逃。

好不容易逃到了江边，谁知渡河的船不够。为了争夺上船的机会，李景达的士兵们自相残杀，碧绿的江水被染得血红一片，侥幸逃到对岸的人不超过三千。

就这样，赵匡胤又打了一场漂亮仗，回京后，被柴荣提升为殿前都指挥使。

叱咤风云
CHIZHA FENGYUN

雄赳赳、气昂昂,跨过扬子江

没有了强有力的后援,公元957年,在长达一年多的围困之下,寿州城终于支撑不住了。寿州一破,后周军如入无人之境,一连攻下长江以北的三个重镇——泗州、濠州和楚州(今江苏省淮安市淮安区)。

只要突破长江这道屏障,南唐就成了后周的囊中之物。

公元958年三月,赵匡胤带领人马一举突破长江天险,杀到了对岸。南唐的将士一听到赵匡胤的大名,就丢盔弃甲,落荒而逃。赵匡胤仗打得不过瘾,索性一把火,把南唐的营寨烧了个干干净净。

面对赵匡胤的猛攻,李璟想出了一个可笑的离间计:他写了一封信,派人送给赵匡胤,还附上白银三千两。结果,赵匡胤将白银全部交公。李璟不但白白赔了三千两白银,离间计也彻底失败。

最后,李璟不得不再次派人去对岸求和,除了

叱咤风云 CHIZHA FENGYUN

送去大批犒劳物品外，还答应把江北十四州献给柴荣，并取消帝号，称江南国主，改用后周纪年。

对柴荣来说，只要再向前一步，南唐就会成为后周的领土。但最终，柴荣还是答应了李璟的求和，停止了向南扩张的脚步。

因为，就在柴荣对南唐步步紧逼的时候，南唐与契丹、北汉结成了联盟，假如柴荣一直咬住南唐不放，那么后周本土就有危险了。

南唐就此幸运地逃过一劫。

名人有约

MINGREN YOU YUE

越越 大嘴记者

李重进 特约嘉宾

嘉宾简介： 身为武信军节度使，他手握重兵，身经百战，为后周立下过赫赫战功；除此之外，他还有另外一个身份，那便是后周太祖郭威的外甥。因为这一层关系，他差点成了皇位继承人，却最终与之失之交臂。

越　越：李将军，您好！听说皇上这次能破寿州，您可是居功至伟啊！

李重进：（拱手）居功至伟倒不敢说，只是围攻寿州城确实费了不少力气。

越　越：为什么后周攻打别的城镇都是手到擒来，而寿州却是久攻不下呢？

李重进：唉，别提了。这都拜南唐守将刘仁瞻所赐。

越　越：噢，他这么厉害吗？

李重进：那个出了名的老顽固，死守在城里，就是不肯投降。为了严明军纪，连自己的儿子都杀了。

越　越：啊？为何啊？

李重进：他儿子想投降，又怕父亲不肯，所以夜里偷偷乘船逃了出来，不料半路被人发现，捉了回去。刘仁瞻听说儿子要逃跑，一怒之下把他腰斩了。

越　越：如此大义灭亲，可敬可叹！估计再也没人敢说"投降"两个字了。

李重进：是啊，后来城里的粮食吃光了，刘仁瞻还是不肯投降。

越　越：咦，你们围困了这么久，南唐应该派援军来才是啊，至少也应该给他们送些粮食吧？

李重进：（微微一笑）想送粮食？没门！我已经把寿州城围了个水泄不通，后来南唐人实在没办法了，准备修

名人有约 MINGREN YOU YUE

一条地道直抵寿州，用来运送物资。

越　越：结果呢？

李重进：呵呵！一开始，我没理他们，等他们修得差不多了，我再出手，一举把他们的地道挖塌了。

越　越：这招真够狠的。那寿州城被拿下后，陛下是怎么处置刘仁瞻的？

李重进：陛下并没有为难他，反而封了他一大堆官职，只可惜他无福消受，一命呜呼了。

越　越：您这么会打仗，陛下一定也封了您吧？

李重进：唉，高处不胜寒啊！

越　越：此话怎讲？

李重进：朝廷里有人跟我合不来，还说我想谋反呢！

越　越：谁呀？这么缺德？

李重进：你知道现在的殿前督检点是谁吗？

越　越：嗯，好像是张永德将军吧。

李重进：他仗着自己是陛下的姐夫，每次都黑我，还好陛下英明，没有听信他的谗言，否则我怎么能安心打仗？

越　越：这样下去可不行，您得想想法子！

李重进：我也这么觉得。于是我单独去找他，跟他说："我与您都是皇亲国戚，是一家人，应当彼此合作，共同扶持王室，您为什么对我的猜疑那么深呢？"

越　越：结果怎么样？

李重进：当然是握手言和喽！至少表面上是这样。

越　越：但愿你们真的和解了。对了，这次南唐之征结束后，陛下接下来还会有什么大动作呢？

李重进：陛下他老人家的秘密，你也敢打听，不想活了吧！

越　越：（擦汗）好吧，那我们今天的访谈就到此结束吧。

广告铺

新历法实施通告

端明殿学士王朴、司天监王处讷共同撰写了《显德钦天历》。这部历法是根据唐朝的《崇玄历》改编而成，包括《历经》四篇及显德三年《七政细行历》一卷，由陛下亲自作序，准备来年正式实施。

司天监

白甲军征兵广告

当初，朝廷（编者注：指南唐）将茶、盐强行摊派给我们，又强征粮食、布帛，还在淮南兴造营田，让咱们农民兄弟吃了不少苦头。原以为后周军来了，我们就有好日子过了，没想到他们比南唐更加贪婪，令人大失所望。所以我们农民兄弟要团结起来，将掠夺者赶出我们的家园。现在我们成立了白甲军，大家快来积极响应吧！

淮南白甲军总部

关于田地的新规定

为了有效利用闲置土地，从今天开始，凡是无主的荒地，大家可以随意耕种。田主三年内归来的，土地归还一半；五年内归来的，土地归还三分之一；十年内归来的，土地不再归还。如果田主被契丹人掳去，五年内归来的，土地归还三分之二；十年内归来的，土地归还一半；十五年之后归来的，土地不再归还。且所有开荒农户均可享有免税一年的优惠政策。

皇帝柴荣

第 5 期
公元959年—公元960年

陈桥兵变
赵匡胤

穿越报
CHUANYUE BAO

【烽火快报】
- 柴荣驾崩了

【绝密档案】
- 皇帝的遗嘱

【叱咤风云】
- 陈桥兵变，赵匡胤也被"逼"披黄袍

【名人有约】
- 特约嘉宾：赵匡胤

【广告铺】
- 新钱发行通告
- 减免税赋通告
- 通航通告

穿越必读 CHUANYUE BIDU

征服南唐之后，柴荣马不停蹄地挥师向北，誓言收复被契丹人占领的土地。可是，他还没有来得及完成使命就去世了，留下一个年仅六七岁的小皇子继承皇位。曾经身为郭威亲信的赵匡胤抓住这个机会，再一次重演历史，披上了龙袍……

烽火快报

FENGHUO KUAIBAO

柴荣驾崩了
——来自汴京的加密快报

这是公元959年六月十九日,汴京城传来一个消息——后周皇帝柴荣驾崩了!

许多人都感到震惊。柴荣才三十九岁,正值壮年,怎么这么早就去世了呢?

原来,自打从南唐收兵回来以后,柴荣就马不停蹄地挥师北上,矛头直指契丹。

可是,天有不测风云,就在柴荣雄心勃勃地和契丹过招时,突然病倒了。

关于柴荣发病的原因,有一个很离奇的说法。据说有一天,柴荣为了视察战场形势,骑马爬上一个山坡。

当地的老百姓纷纷捧着酒来欢迎他,柴荣十分高兴,顺口问了一句:"这地方叫什么?"

有人回答说:"回陛下,据老人们说它叫'病龙台'!"结果柴荣当天夜里就病倒了。

当然,也有人说,皇上病倒是因为太过劳累的缘故。

最终,柴荣带着未实现的理想,带着满腔的遗憾,在风华正茂的年龄,离开了人世。

皇帝的遗嘱

柴荣死了,给后人留下了一个庞大的帝国。那么,该由谁来继承皇位呢?是柴荣的儿子柴宗训吗?他只有七岁,根本担不起这个大任。可是,若不是他,又会是谁呢?

嘿嘿,其实大家不用担心,因为聪明的柴荣早在临死之前,就已经把一切都安排妥当了。

首先是为年幼的皇子找一个母亲。大家都知道,柴荣的第一个皇后是大将符彦卿的女儿,柴荣和皇后感情很好,因此符皇后去世后,一直没有再立后。可事到如今,不立皇后也不行了,否则谁来照顾年幼的皇子呢?

柴荣想来想去,最后选择了前皇后的亲妹妹。一来对亲姐姐的儿子,新皇后一定疼爱有加;二来皇后还是符彦卿将军的女儿,这样符将军也会全力保护皇室。

其次是确立继承人,立四子柴宗训为太子。为了保险起见,柴荣将第二子柴宗让封为燕国公。这样一来,哪怕太子有个三长两短,还有一个燕国公能继承皇位。

　　最后是托孤。新皇帝年幼,总得找几个得力的人来辅佐。文臣方面,柴荣挑选了三位最信得过的大臣——范质、王溥和魏仁浦。武将方面,柴荣的决定却出乎大家的意料。他撤掉了殿前督点检张永德的职务,改由赵匡胤担任。

　　张永德身为皇亲国戚,军中一把手也当得好好的,又没犯什么错。皇上为什么突然要换掉他呢?

　　这件事令人百思不得其解。但有一点是肯定的,那就是相比张永德,皇上更相信赵匡胤。

百姓茶馆 BAIXING CHAGUAN

一根小木条引发的讨论

皇上为什么撤了张永德的职务呢？这个我知道，听说皇上在北征契丹途中，审阅各地文书时，发现一个皮囊里面装了一根三尺多长的小木条，上面写着五个字——点检做天子。这"点检"不就是张永德吗？这不是暗示张永德要篡位吗？

济世医局刘大夫

哪有这么邪门的事情？八成是有人在暗地里做手脚，想除掉张永德将军吧？听说李重进和张永德将军有过节，说不定就是他干的。

福来客栈陈掌柜

我倒觉得殿前都指挥使赵匡胤的嫌疑最大。你们想想，张永德一下台，最大的受益人是谁？赵匡胤是军中"二把手"，只要有张永德在，"一把手"就没他的份。他又是武将，天天跟在陛下身边，要下手最方便了！

汴京城门卫

这可不能乱给人家扣帽子啊！赵匡胤若真有这种心思，怎么会每次打仗，都冲在最前面呢？想做天子，先得保重龙体不是？而且就算除掉了张永德，也不见得就一定会轮到他啊！我看这事儿将成为千古之谜了。

财神当铺王掌柜

鸿雁传书

杀不杀赵匡胤？

穿穿老师：

您好！正月初一的时候，北方传来一个急报，说契丹和北汉联合出兵，侵犯我镇州和定州边界，请求派兵救援（有人说这是赵匡胤散播的谣言）。

朝廷得知后，乱成了一锅粥。最后还是三位托孤大臣一致决定，派禁军统帅、军中"一把手"赵匡胤出兵北伐。

可是第二天，大街小巷流言四起，说什么"主少国疑""外敌突现""点检作天子"等。

而且我还发现了一个秘密：赵匡胤的都指挥使司，原本与我侍卫司正好相互制衡，可如今我的侍卫司里却布满了赵匡胤的亲信！万一赵匡胤真的造反，我的责任可就大了。我要不要先杀了他，以免出事？

侍卫司马步军副都指挥使 韩通

韩将军：

您好！您现在杀掉赵匡胤的确不是难事，可是杀他的理由是什么呢？仅凭几句市井流言，就杀死统帅兵马的大将，这叫其他将军怎么想？十多年前，后汉隐帝刘承祐不就是因为心存猜忌，滥杀功臣，才逼得郭威造反吗？

所以还请韩将军三思，不要重蹈后汉覆辙。

《穿越报》编辑 穿穿

【考虑再三，韩通最终决定放过赵匡胤。】

陈桥兵变，赵匡胤也被"逼"披黄袍

公元960年正月初三，赵匡胤带领大军离开汴京，浩浩荡荡去往北方。才出城门没多远，突然有个人停下来，抬起头，瞪大眼睛，好像天上出现了什么不寻常的东西。

这个人叫苗训，是一名小军官，他有个特长，就是能掐会算，人称"活神仙"。见他这副模样，将士们都感到奇怪。

一位叫楚昭辅的军官走过来，问："您这是在看什么呀？"

苗训指着天上的太阳说："你们看不见吗？天上有两个太阳，一上一下，互相争斗，黑光闪耀，已经持续很久了。"

楚昭辅听了，肃然问道："这预示着什么呢？"

苗训回答："这是天命啊！天上本来只有一个太阳，现在出现了两个，这预示着新的天子要出现了。"

那么，新天子会是谁呢？自然不是别人，正是他们的统帅赵匡胤。

到了晚上，军队驻扎在陈桥，军中几个将领悄悄聚

叱咤风云

到一起商量说:"当今陛下不过是个小娃娃,没办法处理朝政。我们这些人在外面出生入死,为国尽忠,又有谁知道呢?不如先拥立点检做天子,再北伐也不迟!"

说干就干,一群人冲到军师赵普的营帐前,说:"赵先生,我们要拥立点检做天子,请您去劝点检顺应大家的要求。"

听了这话,赵普脸色一变,义正词严地说:"点检对朝廷忠心耿耿,他要是知道你们想造反,一定不会饶恕你们的。"

听他这么一说,众人沮丧地离开了。可没过多久,他们又回来了,一个个面容冷峻,杀气腾腾。只听"哗啦啦"一声,众人拔出了刀剑,说:"对聚众谋反的人,按照国法是要灭族的!今天我们话已经说出去了,难道要坐以待毙不成?"

赵普呵斥道:"册立皇帝是大事情,怎么能任由你们放肆?现在外敌压境,不如等退敌之后,再作商议。"

众人不答应,说:"现在朝廷发号施令的人很多,等到我们凯旋回朝,说不定事情就会发生变化。所以我们应该赶紧回京,册立新天子,再去北方破敌。如果点检不答应,大军是不会向前的。"

见事情到了这个地步,赵普也只好答应了,但与众人约法三章,等进了京城,各将领要严加管束自己的部队,绝

不能烧杀抢掠，造成混乱。只要京城人心安定，其他地方就不会乱，大家也可以共享富贵。

众人都点头答应。

第二天清晨，赵匡胤睡得迷迷糊糊，突然被一阵嘈杂的声音吵醒，还没来得及弄清楚发生了什么事，一大群人已经破门而入，嘴里嚷嚷道："现在将士们没有主子，我们愿拥点检为天子。"

赵匡胤大惊失色，还没反应过来，有人已经拿出一件黄袍，强行披在了他身上。接下来，众将士齐刷刷地下跪，嘴里喊着"万岁万万岁。"

不等赵匡胤说一句话，将士们又将他扶上马，请他返回京城登基。

赵匡胤这才开口说道："你们贪图富贵，所以立我为天子。但你们如果能听我的话，我就做这个皇帝，否则的话，我绝不答应。"

将领们异口同声地说道："是！"

赵匡胤接着又说："小皇帝和太后是我的主子，你们不能冒犯；朝中的大臣们是我的同僚，你们不能欺负他们；还有朝廷的府库、百姓的东西都不能碰。等事情完成之后，我会重重有赏。谁敢违抗命令，我一定杀他的头。"

就这样，在众将领的簇拥下，赵匡胤带着人马返回汴京，朝天子的宝座奔去。

嘻哈园

XIHA YUAN

名人有约 MINGREN YOU YUE

赵匡胤 特约嘉宾

越越 大嘴记者

嘉宾简介：他曾是个胆大超群的街头少年，不爱读书，只爱功夫；他曾只身闯天下，历尽人间辛酸，阅尽世态炎凉；他曾骁勇善战，身先士卒，为后周立下赫赫战功；他广结天下朋友，步步为营，最后终于踏上人生金字塔的顶端。他是谁？他就是即将要登上皇帝宝座的赵匡胤。

越　越：赵点检，您好！马上就要当皇帝了，有什么感想想要和大家说说吗？

赵匡胤：我也是被手下那帮家伙逼的，不干不行啊！你们一定要多多理解啊！

越　越：我倒能够理解。皇帝太小了，在这乱世之中，迟早会丢了天下。即使您不发动兵变，也会有别人发动兵变。与其那样，不如像您这样和平过渡。

赵匡胤：（喜极而泣）小记者真是高人啊，有你这么一番话，我这个兵变算是成功了。

越　越：据说您出征前，外面都在传言您要造反了，搞不好要满门抄斩的。当时您的家人对此是什么态度呢？

赵匡胤：（叹了口气）当时我吓得不行，连官府都不敢回，只好躲到家里念叨怎么办，怎么办。结果我妹妹听了，舞着擀面杖就从厨房里跑出来，追着我打，还将我骂了一通。

越　越：（又惊讶又好笑）令妹可真彪悍啊！她为何要骂您？

赵匡胤：我妹妹说大丈夫面对事情，应该自己拿主意才是，回家吓唬女人算什

名人有约

么英雄好汉!被她这么一骂,我还真清醒了,马上回到官府,大大方方面对那些流言蜚语。

越　越:听说有一个人非常反对您,而且这人身居要职,对您十分提防。

赵匡胤:你说的是韩通吧!我去过他家,已经和他单独见过面了。

越　越:韩通有个外号,叫"韩瞪眼",是出了名的凶狠呢!您居然还敢去他家?

赵匡胤:(笑)如果没有十足的把握,我会只身去他家吗?

越　越:哦!看来您早已经成竹在胸了。您怎么确保他不会杀您呢?

赵匡胤:(伸出手指)第一,我那时根本没有夺位的想法,所以他们也没有任何证据可以治我的罪。至于第二点嘛……

越　越:第二点有什么特殊吗?

赵匡胤:要杀我的话,得拿到三位宰相的批文才行。这个批文,他哪有那么容易弄到手,除非他不计后果,宁愿担一个滥杀功臣的罪名,否则只能"干瞪眼"!

越　越:我想起来了,宰相王溥和您关系好像不一般啊……

赵匡胤:(打断主持人的话)咳咳,东西可以乱吃,话可不能乱说。我和王大人虽是同僚,可我们只是君子之交,你可千万不要胡说,免得坏了人家的名声。

越　越:好吧,最后我还想问一句,您回京之后,打算如何夺位?会在京城掀起一场腥风血雨吗?

赵匡胤:不,这是我最不愿意看到的事情。我会将一切进行得静悄悄的,就像什么事也没有发生一样!也请大家放心,我一定会善待先皇陛下的后代及家人!

越　越:好,那让我们拭目以待!

85

广告铺

新钱发行通告

近年来，由于原有钱币的数量过少，物价猛涨，为了解决这个问题，下月开始发行"永通泉货"和"唐国通宝"，分别相当于现在的十钱和二钱。原有的"开元通宝"价值不变，继续流通使用。

南唐户部

减免税赋通告

汴京府奏报，征收租税的田地原为十万二千余顷，现经过核查，多得到田地四万二千余顷的租税，所以朝廷下令减免租税三万八千顷；其他各州奏报多出来的田地，减免租税的比例均参照汴京府。

后周户部

通航通告

经过多方努力，汴河河口已经疏通，北方的水系和南方的水系连到了一起，长江、淮河的船只终于可以通航了。

特此通告。

后周水部

穿越报
CHUANYUE BAO

第 6 期
公元960年

皇帝不好当
赵匡胤

【烽火快报】
- 新帝登基,诏书在哪里?

【绝密档案】
- 登基前的风雨

【叱咤风云】
- 得人心者得天下
- 还是有人造反了
- 李重进也反了

【名人有约】
- 特约嘉宾:李筠

【广告铺】
- 绝不能亏待柴氏家族
- 史部通告
- 关于诸县等级更改诏令

【智者为王】
- 第2关

穿越必读 CHUANYUE BIDU

通过陈桥兵变,赵匡胤成功地改朝换代,建立了大宋王朝。然而,皇帝可不是这么好当的,朝廷里里外外多的是不服气的人,一不小心,他们就开始造反了。不过,别担心,面对这些危机,新皇帝赵匡胤自有办法解决。

烽火快报 FENGHUO KUAIBAO

新帝登基，诏书在哪里？
——来自汴京的加密快报

公元960年正月初五，崇元殿举行了一场规模宏大的禅代大典，后周恭帝柴宗训"主动"禅位给赵匡胤，这意味着后周从此一去不复返了。

也许是因为经验不足，也许是因为事情办得过于匆忙，禅让仪式开始的时候，龙椅上的赵匡胤突然坐立不安起来。原来，他忘了一件最重要的事——禅位诏书。

没有诏书而登基，那就表示不是"禅位"，而是"篡位"了！

正当赵匡胤急得额头冒汗的时候，有人不慌不忙地站了出来，这个人名叫陶谷，他的工作就是专门为皇帝起草诏书。

只见他从袖子里掏出一卷文书，对赵匡胤说："诏书在这里。"

原来，陶谷早帮赵匡胤把诏书准备好了。见到诏书，赵匡胤心里的石头算是落下了，仪式这才得以继续进行下去。

因赵匡胤当节度使的时候，藩镇在宋州（今河南省商丘市），因此，赵匡胤（史称宋太祖）宣布新国号为"宋"（史称北宋），定都汴京。

就这样，一个新的王朝在华夏大地上诞生了。

来自汴京的加密快报！

嘻哈园 XIHA YUAN

绝密档案 JUEMI DANGAN

登基前的风雨

从陈桥兵变到君临天下，一切看起来顺利得不可思议。这其中真的像表面上一样，什么事都没发生吗？现在，就让我们的记者一一为您揭秘。

其实，赵匡胤在回汴京前，就派了信使潘美去朝中报信。潘美赶到的时候，碰巧赶上了早朝。于是，潘美走到殿前，宣布赵匡胤已经兵变称帝，正在回京城途中。

听到这个消息，大臣们都震惊了。小皇帝望着众人，不明所以，坐在他身边的符太后泪流满面，可又束手无策。

这时，宰相范质突然伸出手，一把抓住王溥的胳膊，自责地大叫："仓促点将，是我们的错啊！"王溥的手臂上被掐出一道血印，一句话也不敢说。

有一个人最先从震惊中恢复过来，这个人就是韩通。韩通二话不说，匆匆忙忙奔出大殿。

他这是要去做什么呢？想必很多人已经猜到了答案。韩通带着一群人直奔赵匡胤家，打算捉住他的家人，作为人质跟赵匡胤谈判。

可韩通来晚了，赵匡胤早已经派人报了信。韩通扑了个空，回途中遇见了赵匡胤的部下王彦升的人马。

一番恶斗后，韩通骑马逃回家里，可还没来得及关上家门，就被追上来的王彦升一剑劈死，连他的家人也没能幸免。

JUEMI DANGAN 绝密档案

（王彦升此举给赵匡胤的"和平兵变"抹上了鲜血，让赵匡胤痛恨不已，因此他终身没有当上节度使。）

没过多久，赵匡胤带着一队人马赶回自己的官署，屁股都没坐热，外面突然传来一阵吵闹声。原来，两位宰相——范质和王溥风风火火地赶过来了。

一见到两位宰相，赵匡胤的眼泪就流了下来："我受先帝的大恩，本应效忠朝廷，无奈被六军逼迫，才到了这个地步，我有愧于天地，该怎么办啊？"

两位宰相还没来得及开口，赵匡胤旁边的一位将领便按捺不住，拔出手中的剑，上前几步，以威胁的口吻说道："将士们没有主子，今天必须册立一个天子！"

两位宰相立刻会意：如果不拥立赵匡胤做皇帝，他们的老命就到此为止了。

范质素来耿直，哪里肯乖乖就范，于是站着没动。此刻，还是王溥看得开，当即走下台阶，向赵匡胤行跪拜之礼。一看王溥下跪了，范质顿时没了脾气，只好跟着跪了下来。

就这样，赵匡胤一举搞定两位宰相。放眼整个后周，再也没人敢跟他叫板了。

一切准备稳妥后，第二天，赵匡胤便在崇元殿登了基。

得人心者得天下

新的王朝建立了！这在当时并不是一件新鲜事儿。因为谁也不知道，它会有几天的寿命。

赵匡胤当然不想让大宋成为短命王朝。他发布的第一道圣旨就是：厚待后周恭帝及其家人。

原本惶惶不安的后周臣子们听了，放下心来，是啊，连最高的主子都能得到优待，更何况臣子呢！

事实是，赵匡胤的确没有为难他们，不但继续留用，还个个予以赏赐。

比如范质，曾义正词严地指责他忘恩负义、篡权夺位，但赵匡胤仍旧委以宰相之职。范质生病了，还亲自上门探望，并赏赐了大量金银财宝。

还有一次，翰林学士王著因为喝醉了酒，思念故主，大声痛哭。第二天，有人上奏说，王著这样做，不给赵匡胤面子，应当严惩。赵匡胤说："他喝醉了，世宗时，我和他同朝为臣，熟悉他的脾气。他一个书生，哭哭故主，也不会出什么大

叱咤风云 CHIZHA FENGYUN

问题，让他去吧。"

对一些已经卸任的名臣，赵匡胤也没有忘记他们，同样予以赏赐。

面对这样宽厚的新皇帝，后周的旧臣无一不服，纷纷归附。

对在陈桥兵变中立功的将士们，赵匡胤一律给予加官晋爵。

当然，赵匡胤也深知，老百姓的拥护，才是一个国家发展与稳定的基石。除了严禁士兵抢夺掳掠外，对在战乱中受伤的人，由朝廷给予赔偿；新朝建立没几天，谷价大跌，赵匡胤令朝廷以高价收购；就连科举考试也是一如既往地进行着……

国号改了，天子换了，但人们想象中的动乱没有出现，一切都在有条不紊地继续向前……

鸿雁传书 HONGYAN CHUAN SHU

我应该和敌人联手吗？

穿穿老师：

　　您好！我常年驻守外地，想不到朝廷发生这么大的变故，更没想到，那姓赵的居然忘恩负义，抢了后周的江山！

　　这后周江山，是当年太祖皇帝和我们拼死拼活，一起打下来的，眼看着它被那毛头小子抢走，我很不甘心！

　　就在几天前，北汉皇帝刘钧给我送了封蜡书。这家伙想劝我和他联手，共同对抗赵匡胤。穿穿老师，我应该答应他吗？

昭义军节度使　李筠

李将军：

　　您好！您现在不甘心，真的是为太祖皇帝鸣不平吗？我想有一半原因，是因为赵匡胤比您快了一步，让您失去了一个当皇帝的大好机会吧？

　　如果真有这个想法，我劝您还是打消这个念头。新皇帝宽宏大度，不计前嫌，对所有大臣都一视同仁，现在除了皇帝换了以外，其他的和以前并没有差别。各地节度使都已经向赵匡胤称臣。您向赵匡胤一人挑战就等于向整个国家挑战。以您一个人的力量，又怎能和整个国家对抗呢？

　　更何况，北汉与后周一直是水火不容，那北汉皇帝拉拢您，不过是想利用您。若你们真的联手，事成之后，境遇果真就比现在好吗？

　　希望您慎重考虑，祝您好运！

《穿越报》编辑　穿穿

【李筠经过慎重考虑，最后把北汉皇帝的信转交给了赵匡胤。】

百姓茶馆
BAIXING CHAGUAN

哪里来的箭？

陛下昨天遇刺了，就在汴京城里的大溪桥上！当时，陛下正坐在御辇上，旁边还有百官陪同，突然间，不知从哪儿射来一支冷箭，把大家吓得要死。可陛下却从御辇里出来，还朝着那箭的方向，把衣襟拉开，说道："让他射！让他射！"幸好那箭射偏了！

侍卫李刚

现在陛下刚刚登基，反对他的人还很多，有人要刺杀他倒也正常。不过，谁会冒这么大的风险来刺杀天子呢？要知道，这可是诛九族的重罪呀！

瓷器店张老板

依我看，淮南节度使李重进的嫌疑最大。谁都知道他本来有机会当皇帝，可却被柴荣抢了先；现在柴荣死了，又被陛下抢了先，他能甘心吗？

城东李半仙

我看未必，昭义军节度使李筠的嫌疑也不小。这人老奸巨猾，虽然表面上对陛下臣服了，可心里打的什么主意谁又知道呢？

城西刘铁匠

还好陛下宽大为怀，没有追究下去，否则不知道又有多少人要遭殃了。

百花书房老板娘

叱咤风云 CHIZHA FENGYUN

还是有人造反了

虽然表面上向赵匡胤臣服了，但实际上李筠还是不甘心。

这时，李筠的儿子李守节站了出来，他刚刚被赵匡胤封了个皇城使的官，专门负责京城的守卫工作。与老爸不同的是，李守节压根儿就不想造反，还苦口婆心地劝说老爸，叫他千万不能做傻事。要知道，造反可不是闹着玩的，弄不好，全家人的脑袋都要丢了。

可李筠不但不听，还想出个馊主意——派儿子去汴京，打探一下赵匡胤的虚实。

李守节只好启程前往汴京。想不到一见面，赵匡胤就冷冷地问了一句："太子，你来这里是为了什么？"

太子？这个称呼可是要掉脑袋的啊！皇上这么称呼他，意思是说，你老爸要当皇帝了，所以你是太子。

李守节吓得直哆嗦，赶紧跪下磕头，诚惶诚恐地解释。

赵匡胤叹了口气说："回去告诉你父亲，我没当皇帝的时候，任他怎么样都无所谓，可现在我已经做了皇帝，他就不能稍微礼让我一下吗？"

这句话表面上是向对方示弱，实际上却话中有话。赵匡胤

叱咤风云　CHIZHA FENGYUN

这是婉转地提醒李筠，叫他不要做得太过分了，否则的话，一定没好果子吃。

李守节来不及细想，快马加鞭地赶回家，将事情的经过告诉了李筠。

李筠听了，气不打一处来，立刻公开声称和赵匡胤决裂，明目张胆地造起反来。

首先，李筠对外发布了征讨赵匡胤的檄文，大骂他篡夺孤儿寡母的江山，还污蔑他囚禁小皇帝，非礼符太后等，总之，各种有的没的罪名，都一股脑儿地往赵匡胤头上扣。

不仅如此，李筠还正式与北汉结成同盟，共同征讨大宋皇帝，并以迅雷不及掩耳之势攻下了泽州（今山西省晋城市）。

取得这场小小的胜利之后，李筠变得更加不可一世。

但是，这一切似乎早已经在赵匡胤的预料之中，他脱下龙袍，换上久违的军装，亲自率领大军，渡过滔滔黄河，翻过巍巍太行山，突然出现在泽州城下。

李筠和泽州的将士都惊呆了，他们怎么也没想到，刚当上皇帝的赵匡胤居然御驾亲征，而且几乎倾尽全国兵力！

对李筠来说，这几乎是致命的一击。

在第一场正面对决失败后，李筠绝望了，勉强支撑一个月后，泽州城被攻破，李筠自焚身亡，儿子李守节投降宋军。

叱咤风云 CHIZHA FENGYUN

李重进也反了

俗话说得好，"福无双至，祸不单行"。李筠前脚才反，李重进后脚就跟上来了。

李重进对赵匡胤本来就没什么好感，现在有人带头造反，他也按捺不住了，想联手李筠，给赵匡胤一点颜色瞧瞧。

于是，李重进写了一封信，让一个叫翟守珣的部下给李筠送去。可是他不知道，翟守珣想都没想，就把这封密信交给了自己的老相识——赵匡胤。

"李重进到底还是反了。"赵匡胤喃喃自语，又抱着一丝希望问道，"如果我赐他一个免死金牌，他能不造反吗？"

翟守珣摇摇头说："他自始至终都没有归顺之心。"

听了这话，赵匡胤彻底死心了。他重赏了翟守珣，叫他仍旧回到李重进身边，想办法拖延时间，不让李重进出兵，自己好集中力量，先解决李筠这个难题。

翟守珣果然靠谱，李重进被他忽悠得一直镇守扬州，按兵不动。

几个月后，李重进突然接到命令——皇上封他做平卢节度

叱咤风云

使，要他从扬州搬到青州（今山东省益都市）。这可不是个好消息，已经有无数事实证明，皇帝一旦叫节度使离开原藩镇地，接下来要做的，便是想办法处死他！

正当李重进惊惶不安的时候，赵匡胤又命使者带着丹书铁券去慰劳李重进。

这又是逼迫，又是安抚的，把李重进给弄糊涂了——到底反还是不反呢？

想来想去，李重进决定相信赵匡胤一次，跟随使者进京。可是他的部将们不干了，说他这一去，只怕就回不来了。

李重进一听，态度又来了个一百八十度大转弯，开始操练兵马，准备和赵匡胤大干一场。他还写了封信给南唐国主李璟，巴望着和他联手对抗宋朝。可李璟也靠不住，背着他直接把信转送给了赵匡胤。

李重进气得差点吐血，打这之后，他就变得疑神疑鬼起来，对谁都不信任。

有一次，几十个军官来投奔李重进。李重进怀疑是奸细，把他们都关了起来。军官们大呼冤枉说："我们一直为后周卖命。大人如果拥护周朝，为什么不让我们为您效命？"

但李重进根本听不进去，还把他们统统杀掉了。从此，部队人心涣散，再也无法和宋朝抗争。

不久，赵匡胤的军队轻而易举地攻破了扬州，而李重进落了个自焚身亡的下场。

名人有约 MINGREN YOU YUE

李筠 特约嘉宾

越越 大嘴记者

嘉宾简介：他年少从军，臂力过人，据说能拉开一百斤重的硬弓。之后，他跟随周太祖郭威南征北战，立下赫赫战功。尤其在驻守潞州（今山西省长治市）的时候，更是以自己的一部之力来对抗整个北汉。这样一个勇冠三军的好汉，谁也没想到，他会是第一个公然和赵匡胤唱反调的人。他就是昭义军节度使李筠。

越越：李将军，您好！

李筠：（斜眼看了一下越越）我当是什么资深记者，没想到是个毛头小子，来人——送客！

越越：（大汗）李将军，我只是看着年龄小，实际工龄很长呢！

李筠：（狐疑）暂且信你一回，要问什么？快问！

越越：请问，您反对陛……赵点检当皇帝，是不是就是因为他资历没有您老呢？

李筠：这还用问吗？想当年我和太祖皇帝称兄道弟、浴血沙场的时候，姓赵那小子还在穿开裆裤呢！你说，我能让他站到我的头上去吗？

越越：但您最终还是以臣子之礼跪接了圣旨，那应该算是接受了这个新皇帝啊！

李筠：年轻人，想法太简单！我那是迫不得已，勉强为之，心不甘情不愿的！在我心中，只有一个皇帝！那就是他！（从袖中掏出一幅画像。）

越越：（定睛一看）原来是太祖皇帝！这么说，先皇陛下（指柴荣）您也没放在眼里了？

李筠：随你小子怎么想，反正先皇见了我，也得敬我三分。

名人有约

越越：（叹气）唉，这么说来，您老这个反是造定了。可是新皇帝的军队是京城禁军，是精锐部队，估计您不是他的对手。

李筠：（轻哼一声）什么京城禁军！你可别忘了，赵匡胤是反贼，我才是后周的忠臣。禁军将领都是我的旧部，知道我要来，一定会倒戈归顺。到时候，赵匡胤那小子只有求饶了！而且，我还有北汉在后面撑腰呢！他比我更想灭了赵匡胤。

越越：可前不久您把北汉皇帝写给您的密信给了新皇帝，他还会帮您吗？

李筠：（脸红）这有什么，战场上没有永远的朋友，也没有永远的敌人。后来，我把赵匡胤派来的监军绑了送给他，也算很有诚意。他见了后，马上就屁颠屁颠地带兵过来了。

越越：北汉的兵马怎么样？应该很强大吧！

李筠：（痛苦地敲敲头）别提了，我现在才知道这几年北汉也沦落了，皇帝都快成叫花子了。

越越：这话怎么说？

李筠：堂堂一国之君，就那么几千兵马，而且一个个看上去营养不良，仗还没打，就已经是一副打败仗的气势，连皇帝本人的御驾也寒酸得要命，看得我心凉了一截。

越越：（惊讶地）啊？

李筠：就这样，他还跟我摆皇帝的架子呢，要我以臣子的礼节拜见他，还封了我个什么西平王，谁稀罕呀！

越越：那您还有别的底牌吗？

李筠：这个……事在人为嘛，听说李重进也准备造反了，大家一起反，够赵匡胤喝一壶了。

越越：唉，我倒觉得他是个勤政爱民的好皇帝，李将军还是跟他言和吧。现在这么乱，有个好皇帝也不易。

李筠：（瞪眼）说什么？言和？那怎么对得起太祖皇帝！门都没有！来人，送客！
（拂袖而去）

（本次采访于李筠起兵之时。）

101

广告铺

绝不能亏待柴氏家族

柴宗训与前朝符太后，都是主上曾经跪拜过的人，现在虽然把皇权让了出来，但也绝对不能亏待他们。现特封柴宗训为郑王，封符氏为周太后，迁居洛阳，待遇依然与前朝一样；周室宗庙、寝陵，仍然派人守护，并按时祭拜。

大宋礼部

吏部通告

从今起，后周朝臣都原职留任，地方官吏都在旧地履职，所有法令维持不变，务必令天下安定祥和，百姓安居乐业，地照样种，日子照样过。

大宋吏部

关于诸县等级更改诏令

为适应国家新形势，从今天开始，除赤、畿（jī）两县外，重新制定诸县等级：四千户为望县，三千户为紧县，两千户为上县，一千户为中县，一千户以下为中下县。并且以此为标准，每三年调整一次。

大宋户部

智者为王

第2关

1. 赵匡胤攻下滁州后，宰相范质举荐谁来帮他处理滁州事务？
2. 赵匡胤的父亲来滁州看他，赵匡胤为什么没有及时打开城门？
3. 李景达攻打扬州时，主将韩令坤逃跑，柴荣派谁去监军？
4. 长江以北的三个重镇是指哪里？
5. 寿州守将刘仁瞻的儿子投敌，刘仁瞻是怎么处置他的？
6. 后周皇帝柴荣去世时是多少岁？
7. 柴荣临死前安排了哪三位托孤大臣？
8. 赵匡胤部队兵变的地点是哪里？
9. 侍卫司马步军副都指挥使的名字叫什么？
10. 在禅代大典上，赵匡胤忘了一件什么事？
11. 赵匡胤为什么定国号为"宋"？
12. 收到北汉皇帝刘钧的密信后，李筠做了什么？
13. 赵匡胤打败李筠后，他的儿子李守节是抵抗还是投降了？
14. 李重进写信给南唐国主李璟，李璟把他的信给了谁？
15. 赵匡胤当节度使后，他的领地在哪里？
16. 李筠造反后，谁也跟着造反了？

第 7 期
公元961年—公元962年

杯酒释兵权
赵匡胤

穿越报
CHUANYUE BAO

【烽火快报】
- 禁军将领们集体辞职了

【绝密档案】
- 喝杯酒，兵权就没了

【叱咤风云】
- 被皇帝打掉了牙齿

【名人有约】
- 特约嘉宾：杜太后

【广告铺】
- 关于招募"上军"的规定
- 明德门灯会通知
- 更成法

穿越必读 CHUANYUE BIDU

平息"二李叛乱"之后，赵匡胤可以说坐稳了江山，可他却依旧心事重重，寝食难安。前朝的历史一幕幕地在他眼前上演，如何才能稳住乾坤，成就万世基业？这成了他最最关心的问题。于是，一场杯酒释兵权的好戏开始了。

烽火快报

FENGHUO KUAIBAO

禁军将领们集体辞职了
——来自汴京的加密快报

平定了"二李之乱",其他怀有二心的节度使也心有忌惮,变得安分起来。

然而,公元961年七月,汴京发生了一件震惊全国的事件——禁军的高级将领们集体辞职了!

这些将领都曾立下赫赫战功,在"陈桥兵变"中也出过力,算是开国功臣,为什么会在一夜之间,齐齐交出了兵权呢?

更令人奇怪的是,皇上居然同意了他们的请求,把他们全改派到地方任职,并赏赐给他们一大笔钱,还跟有些人结成了亲家。

对这件事,人们众说纷纭。有人说,自古以来,"飞鸟尽,良弓藏;狡兔死,走狗烹。"为求自保,将领们不得不上交兵权;有人说,将领们自恃功高,暴露了自己的野心,惹怒了皇上,所以才被夺走了兵权;还有人说,这都是宰相赵普出的主意。

可是,一下罢免这么多手握重兵的人,照理来说,一定会闹得满城风雨,不可开交。但实际上,整个罢免过程进行得波澜不惊,就像微风吹过湖面一样平静,没有一个心怀怨言的人。这是怎么回事呢?

为了解开这一谜团,本报记者将深入宫廷,为大家进行全方位的跟踪报道。

来自汴京的加密快报!

绝密档案

喝杯酒，兵权就没了

禁军将领们为何一夜之间集体辞职呢？其中有什么不为人知的秘密吗？本报记者通过重重调查，终于发现了这起辞职事件的冰山一角。

原来，早在宋太祖赵匡胤平定叛乱回来时，宰相赵普就向他提出，为了防止将领们再次造反，必须解除禁军大将石守信、高怀德等人的兵权。

太祖没有答应，说："他们对我忠心耿耿，一定不会背叛我，你用不着担心。"

JUEMI DANGAN 绝密档案

赵普说:"我也不是担心他们叛变,但我仔细观察发现,他们并不擅长管理士兵,恐怕难以驾驭手下。一旦那些手下贪图富贵,要拥戴他们做皇帝,到时候,就算他们不想叛变,也由不得他们了。"

听了赵普的话,太祖打了个激灵,"陈桥兵变"依然历历在目,不由得他不信。看来,罢免那些禁军将领势在必行。

这天晚上,太祖在宫里摆了一场酒宴,宴请石守信、高怀德等禁军大将。喝到兴头上,太祖突然屏退左右,半醉半醒地说:"要不是有你们,我也做不成皇帝,可是做皇帝实在太难了,我现在每天晚上都睡不着觉,还不如当节度使好。"

将军们奇怪地问:"陛下为何睡不着?"

太祖半开玩笑地说:"这个还不明白?我这个位子,世上的人谁不想坐呢?"

将军们听出了话外之音,纷纷低下头,说:"陛下何出此言,现在天下已定,谁还敢有异心呢?"

太祖说:"我知道你们没有异心,但说不定哪一天,你们的手下贪图富贵,把黄袍披在你们身上,到时候,就算你们不想做皇帝,恐怕也不行了。"

众将领听了,吓得面色惨白,赶紧跪在地上,痛哭流涕地

绝密档案 JUEMI DANGAN

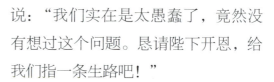

说:"我们实在是太愚蠢了,竟然没有想过这个问题。恳请陛下开恩,给我们指一条生路吧!"

太祖微微一笑,说:"人生在世,犹如白驹过隙。活在这个世上,不就是为了享受荣华富贵吗?你们何不交出兵权,到地方上去当个官,买几百亩良田,建几栋豪宅,这样不仅能给子孙后代留点儿家业,还能快快乐乐地安享晚年。而且,我愿与你们结为儿女亲家,这样君臣之间就没有了猜疑,上下一心,共享富贵,不是更好吗?"

将领们连连磕头说:"陛下替我们想得太周到了,真是我们的再生父母啊!"

第二天,大将们便以年老多病为由,纷纷上书,请求告老还乡。宋太祖赵匡胤欣然同意。

接着,宋太祖取消了殿前都正、副点检这两个军职,侍卫司马步军都指挥使也不再握有实权,而成了一个虚职。

现在,宋太祖终于松了一口气,再也不用担心出现第二个郭威、赵匡胤了。这便是历史上鼎鼎有名的"杯酒释兵权"。

嘻哈园

鸿雁传书 HONGYAN CHUAN SHU

兵权到手了,皇帝还是不放心

穿穿老师:

您好!这些天,我一直都很郁闷。现在我已经将兵权牢牢地掌握在自己手中,可还是有些不放心。虽然石守信他们辞官了,可是,谁又能保证那些继任者就不会出事呢?要是他们也有样学样,再搞个"叉桥兵变"可怎么办呢?这个问题没有解决,我一直寝食难安。

穿穿老师,您有什么好办法能替朕分忧吗?

大宋皇帝 赵匡胤

陛下:

您好!"杯酒释兵权"的确是一招妙棋,既收回了兵权,又没有引起功臣们的暴动。但是,这只是治标不治本的法子,殿前司和侍卫司两个部门的权力太过集中,无论是谁当职都非常危险。想必您寝食难安就是因为这个原因吧!

所以,我建议您进行一场大刀阔斧的改革,分散禁军将领的权力,让他们互相制约,这样才能保证您稳坐钓鱼台。

祝您好运!

《穿越报》编辑 穿穿

BAIXING CHAGUAN 百姓茶馆

新帝上任，数把火

听说陛下又搞改革了，把以前的殿前司和侍卫司改为殿前司、侍卫马军司和侍卫步军司。两司变三司，这样就不容易联合起来造反了。

禁军士兵张龙

禁军士兵赵虎

不仅如此，陛下还在"三司"下面设了"四卫"，这样兵权进一步分散，他们要造反就更难了。这两招厉害啊，不愧是军人出身，改到点子上了。

还有更厉害的，陛下只给了他们兵，调兵的权力给了枢密院，也就是说，枢密院才是全国最高军事机构，但枢密院又没有兵。最后发不发兵，还是陛下拿主意，枢密院必须听陛下的。

茶馆陈掌柜

铁匠李铁拐

陛下还规定了，无论是谁，哪怕他军衔再大，也不准养亲兵，要是谁敢培养自己的私人武装，非掉脑袋不可。

这算什么，现在上级军官对下级军官有生杀予夺的大权，这样一来，就彻底断绝了犯上作乱的现象。听说为了贯彻这条规定，陛下一次就杀了好几十人，杀得将士们如惊弓之鸟，再也不敢起造反之心了。

陈屠夫

叱咤风云 CHIZHA FENGYUN

被皇帝打掉了牙齿

刚当上皇帝，宋太祖每天要处理很多国家大事，忙得晕头转向。这天，他好不容易空闲下来，便拿起一个弹弓，去后花园打鸟。

这时，有个叫雷德骧（xiāng）的官员前来求见，说有大事禀报。宋太祖二话没说，丢下弹弓就去接见他。结果雷德骧说来说去，都是些鸡毛蒜皮的小事，把宋太祖给惹火了。

他气急败坏地责问雷德骧为何撒谎骗人。

雷德骧神定气闲地回答："臣以为，再怎么小的事情也比打鸟重要。"

听了这话，太祖勃然大怒，随手抓起什么，朝雷德骧砸了过去。只听"砰"的一声，雷德骧的两颗门牙被砸掉了。

这雷德骧也是条硬汉，一声不吭地弯下腰去，把牙齿一颗颗捡起来，小心地收在怀里。

太祖怒气冲冲地问："你把牙齿收起来，是准备去告我吗？"

雷德骧恭恭敬敬地回答："我们做臣子的哪有权利告陛下。不过，今天发生的事，自然有人记在史书里。"

听他这么一说，宋太祖倒不好意思起来，立刻消了气，不仅没有怪罪他，还大大地奖赏了他。

名人有约

MINGREN YOU YUE

杜太后 特约嘉宾

越越 大嘴记者

嘉宾简介： 她生于乱世，因家中排行老四，人称"四娘子"。身为富家小姐，却敢嫁给当初身无分文的穷小子赵弘殷，并最终成为大宋开国皇帝的母亲。在丈夫浴血沙场的时候，她勤俭治家、谨守礼法，并言传身教，培育出一个又一个优秀的孩子，堪称中国好妈妈。

越　越：早就听说太后是女中豪杰……

杜太后：马屁精！我长居宫中，"女中豪杰"这个称号哪里担当得起呢？

越　越：担得起，担得起！太后别急，我还没说完……

杜太后：那好，要是你说不出个所以然，光会拍马屁，我就叫皇上治你的罪！

越　越：（擦汗）当年陛下在陈桥发动兵变时，大家都为他捏了一把汗。您得到消息后，却泰然自若地说："我儿一向胸怀大志，现在果然如此！"不是女中豪杰，能说出这样的话来吗？

杜太后：（颔首微笑）嗯，算你说得有点道理，今天就免你的罪。

越　越：（抱拳）多谢太后。听说您被尊为太后那天，文武百官都向您道贺，您却一脸不悦的样子。您儿子都当上皇帝了，您还有什么不高兴？

杜太后：（面露忧戚之色）我虽然是妇道人家，可也知道做皇帝不容易。做得好，万民爱戴；做得不好，会众叛亲离，连普通老百姓都不如，这正是我所担忧的啊！

越　越：原来如此，怪不得陛下疼惜万民，仁厚治国，

113

名人有约 MINGREN YOU YUE

　　　　　原来是受了您的教诲！
杜太后：不是我偏袒儿子，要说他还真是个好皇帝，但就算是明君，有些事情还是不如我这个老太婆看得更清楚。
越　越：（挠挠后脑勺）不会吧，陛下那么英明，也有犯糊涂的时候吗？
杜太后：我问你，你知道陛下为什么能得到天下吗？
越　越：那当然是父母积德、祖上荫庇啦！
杜太后：（白了越越一眼）真是个马屁精。我儿能当上皇帝，主要是因为先皇的儿子太小，要是有年长的皇子，皇帝的位子怎么能轮得到我儿？
越　越：所以呢？
杜太后：所以为我大宋万代江山着想，我要陛下答应，他百年后立他弟弟光义为帝，这样才能把江山坐稳。
越　越：噢，可是太祖最大的儿子已经二十一岁，是成年人了，您确定是为大宋着想，不是因为偏袒自己的小儿子吗？

杜太后：（脸上一派得意之色）那是当然。光义学识渊博，多才多艺，聪明得很，让他来做皇帝，肯定不比我这个大儿子差。
越　越：那这样一来，太后您就成了两个皇帝的母亲了，青史永留名啊！但是，皇帝一般不都是立自己的儿子吗？您要他立弟弟，他肯答应吗？就算答应了，将来反悔可怎么办？
杜太后：这你别担心，我儿子是个孝子，一定会听我的。而且，我已经叫赵普把这些都记下来了，藏在一个金匣子里，由专人保管，不由他不认。
越　越：（轻声嘀咕）好精明的老太太！
杜太后：（竟然听见了，大怒）你说什么？
越　越：啊！没什么！我看时间不早了，皇上又要来伺候您用药了。我先告辞了，太后再见！

（杜太后于公元961年九月因病去世。本次采访于杜太后逝世之前。）

114

广告铺

关于招募"上军"的规定

为加强禁军实力，凡充任禁军者必须为国内最精壮的男丁。标准为：琵琶腿（即大腿要粗壮），车轴身（即肩要宽腰要细），高个（即身高得有五尺五寸至五尺八寸）。凡未达到此标准者，可派去做看仓、守护、清洁等杂役。各州官吏必须严格按照以上标准招募，考虑用活人做"样兵"不太方便，特将同样尺寸的木梃为样，由地方官员依样挑选，不得有误。

大宋兵部

明德门灯会通知

明天晚上，陛下将去明德门观赏灯会，大宴群臣。本次灯会将在城楼前打造一座灯山，上面栽满火树银花；露台上鼓乐齐鸣，京城的名角将献上精彩演出。此外，还有许多外国客人将为大家表演异国歌舞。请各位大臣按时参加。

大宋礼部

更戍法

为锻炼将士们吃苦耐劳的精神，无论是驻守京城的禁军，还是外地的禁军，都必须定期调动，即每三年更换一个地方，以免军队权力过于集中，引起不必要的动乱。另外，禁军和各地军队须数量相当，以达到相互制衡的效果。

大宋兵部

第8期
公元962年—公元966年

穿越报
CHUANYUE BAO

天府之殇
赵匡胤篇

【烽火快报】
- 君臣雪夜定良策

【叱咤风云】
- 天上掉下个好机会
- 新版"假途灭虢"
- 孟昶的结局
- 征蜀虽易，平蜀难
- 皇上为什么重用文人？

【名人有约】
- 特约嘉宾：宋太祖

【广告铺】
- 大赦荆、湖地区通告
- 重用文官，收回财权
- 征蜀大军的"四不准"
- 述亡国之由

 穿越必读 CHUANYUE BIDU

通过"杯酒释兵权"，宋太祖夺回了军事控制权。大宋局势渐渐稳定，国力蒸蒸日上。作为一个有远大抱负的帝王，宋太祖当然不满足现状，在一个漫天风雪的夜晚，他和赵普一起定下了"先南后北""先易后难"的战略方针，将目光瞄准了南方的几个国家……

烽火快报
FENGHUO KUAIBAO

君臣雪夜定良策
——来自汴京的加密快报

公元962年冬天的一个夜晚,天正下着大雪,太祖突然和他的弟弟赵光义一起来到宰相赵普家里。

赵普大惊,问:"这么晚了,外面又这么冷,陛下为何还到臣家来?"

太祖叹气说:"我睡不着啊,床榻以外的地方都是别人的。一想到这里,我就彻夜难眠,所以来向你讨教。"

太祖为何这么说呢?原来大宋目前统治的地区只有黄河、淮河流域,北面有北汉和契丹,西南有后蜀,南面有南唐、吴越、荆南、南汉等国,每一个国家都有各自的势力,时刻威胁着大宋的安危。

赵普问:"现在南征北伐,正是时候。不知陛下准备怎么做?"

宋太祖说:"我想先攻取北汉。"

赵普沉默了半晌,说:"这我就不明白了。"

宋太祖问:"为什么?"

赵普说:"北汉在西面,有契丹作后援,即使灭了北汉,又要独自承担来自契丹的威胁。为何不暂时留下北汉,先集中精力攻南方各国,之后再谋北汉呢?"

宋太祖笑着说:"我也是这么想的,刚才不过是在试探你。"

就这样,在这个大雪纷飞的夜里,君臣一起定下了"先南后北""先易后难"的战略方针。

来自汴京的加密快报!

叱咤风云 CHIZHA FENGYUN

天上掉下个好机会

雪夜定策后,正在太祖发愁该攻打南边哪个国家时,突然收到一封求救信。写信的人是湖南国的国主——一个只有十一岁的小孩子,名叫周保权。

这一年九月,湖南国的老国主周行逢去世了。临死前,他召集手下的官员,把周保权托付给他们,并说:"衡州刺史张文表野心很大,以后肯定要作乱,你们快去讨伐他。"

果不其然,听说周行逢传位给儿子,张文表非常不满,说:"我和周行逢一起白手起家,好不容易打下了这片江山,如今我怎么可以侍奉他的儿子!"

于是张文表二话不说,起兵造反,从衡州(今湖南省衡阳市)一路打到潭州(今湖南省长沙市),杀死了潭州的行军司马,眼看就要打到周保权跟前了。

周保权急得不得了,立即派人带兵讨伐张文表,同时给自己的宗主国大宋朝廷写了一封求救信。

这个孩子哪知道,太祖早就想吞并湖南国这个小国了,只苦于一直找不到借口。现在突然掉下这么好的机会,他怎么会错过呢?

可出人意料的是,太祖并没有马上出兵。已经有人隐隐感觉到,接下来,将有一场大宋开国以来最大的好戏开场。

宋太祖正在策划什么呢?

CHIZHA FENGYUN 叱咤风云

新版"假途灭虢"

借过哦!

很快,有消息从朝廷内部传出来——原来,宋太祖没有马上出兵,是因为要去湖南国,会先经过北面的荆南(也称南平)国。

前不久,荆南国的老国主也去世了,他的儿子高继冲即位。太祖连忙派使者前去吊唁,实际上是想先打探一下荆南国的消息。

几天后,使者从荆南国回来,说:"高继冲的军队不过三万人,虽然年年丰收,可赋税却十分沉重,国家形势一天不如一天,夺取荆南,简直易如反掌。"

事不宜迟,太祖立刻召集宰相范质等人,说:"如今荆南国贫弱,我们借路讨伐张文表,回来的时候,顺便把荆南国也灭了,可谓一举两得。"

于是,太祖派出两位大将,带领十个州的兵力,借道荆南,讨伐张文表,顺便向高继冲借了三千兵马。

高继冲刚继位,没经验,一下就慌了神。但还是有人一眼就看出了宋太祖的计谋——这不是新版的"假途灭虢"吗?

叱咤风云 CHIZHA FENGYUN

那旧版的故事是怎么回事呢?这事就得从春秋时候说起了。春秋初年,虢(guó)国和虞(yú)国两个小国,因为同姓相邻,结成同盟。强大的晋国拿他们没办法,便用金银珠宝,向虞国借道攻打虢国,最后将虢、虞两国都灭掉了。这就是成语"假途灭虢"的由来。

明知宋太祖用的是这个计策,可由于国力实在太弱,高继冲连拒绝的勇气都没有。几天后,宋军几千名士兵毫无悬念地占领了荆南都城荆州(今湖北省江陵市)。荆南国就这样轻而易举地到手了。

正当宋军摩拳擦掌,准备向下一站出发的时候,从湖南国传来一个消息——张文表叛乱已被平定,宋军可以打道回府了。

岂有此理,堂堂大宋军队,是你一个小小的湖南国招之即来,挥之即去的吗?大宋皇帝愤怒了,将士们也愤怒了,纷纷发誓,一定要找湖南国讨个公道!

太祖派人告诉周保权,大宋派军队来救你们,助你们平叛,你们却反而拒绝,这是在自取灭亡啊!没多久,宋军就攻破了湖南国的都城,抓住了周保权。

只花了不足一百天的时间,太祖就先后征服了荆南国和湖南国。这次"假途灭虢"的计划取得了圆满成功。

荆、湖之捷,使北宋势力伸入长江以南,切断了后蜀与南唐之间的联系,为大宋入川灭蜀,进军岭南南汉和东灭南唐创造了有利条件。

鸿雁传书

后蜀皇帝向我叫板了!

穿穿老师:

　　您好!前两天北汉有人交给我一封密信,信是蜀国(史称后蜀)皇帝孟昶(chǎng)写给北汉皇帝的,他想联合北汉一起攻打我大宋。哈哈,孟昶这皇帝当得不耐烦了吧,竟然敢跟我叫板!我正愁找不到理由攻打他呢!

　　可是话说回来,蜀国自古多山,李白有诗云:"蜀道难,难于上青天。"要想攻打它,恐怕没那么容易。更何况,我查看了很多前朝记录,许多将领伐蜀之后,不是死在那里,就是在那里自立为王,不回来了。

　　前车之鉴,若要向后蜀出兵,我该怎么做呢?

赵匡胤

陛下:

　　您好!在这乱世中,孟昶能够安安稳稳地当了三十多年皇帝,可见攻打蜀国,的确不是一件容易的事。

　　此去路途遥远,不宜调动太多朝廷大军。若要用有限的兵力,去打赢这场战争,就要充分调动将士们的积极性。俗话说,重赏之下,必有勇夫。相信您一定知道怎么做。

　　至于统兵的将领,只有足够忠心的人,才不会贪恋蜀中富贵。忠武节度使王全斌在李存勖亡国之时,还守在他身边,可见是个忠义之士,您可以考虑一下他。祝您好运!

《穿越报》编辑

【公元964年,太祖承诺大力奖赏行军将士,任命王全斌为主帅,率六万大军攻蜀。】

百姓茶馆 BAIXING CHAGUAN

蜀道再难，难不住宋军

这入蜀的道路只有三条，每条路都艰险无比，易守难攻。现在又天寒地冻的，宋军要征服后蜀，恐怕比登天还难。

烧饼店张老三

再难的关，咱也得闯过去！听说王大人出师大捷，已经攻下后蜀重镇兴州了。

伙头兵小范

不要有了点小胜利，就盲目乐观。你们知道蜀地有多险吗？除了深峡巨谷，就是大浪滔滔，能过人的就是那些栈道。但那些栈道已经被蜀国烧了！

绸缎商陈老板

烧了又怎么样？我们宋军还不是照样修好了栈道，攻下了蜀川的天险——剑门关！真是好样的！怪不得咱们皇上收到这好消息，立刻把身上的貂裘脱了下来，让使者骑着快马日夜兼程地去送给王元帅。王元帅感动得都哭了！

驿站刘大头

那后蜀皇帝呢，眼看剑门关守不住了，才派太子去援助。可那太子根本就是个大草包！连上前线都不忘带上成群的妻妾和戏子，这哪里是去打仗，分明就是去度假嘛！哎，后蜀没救了！

药店郑掌柜

孟昶的结局

剑门关一失守，后蜀便成了任人宰割的羔羊。孟昶怀着悲怆的心情登上城门，举目四望，蜀国的山川多美啊！只可惜，不久后它就是别人的了。

正当他无限感怀的时候，有位老将劝他说："陛下不必惊慌，宋军远道而来，不可能坚持太久。只要我们坚守不出，他们自然就会退兵。"

孟昶听了，摇头苦笑，叹息一声说："我和先帝用丰衣美食养兵四十年，今天敌人来了，却连一支箭都没射出去。现在即使要坚守城池，可谁又肯效命呢？"

这时，宰相李昊说："现在唯一的出路就是投降。我听说湖南国的周保权归顺宋朝以后，得到了赵匡胤的礼遇，日子过得还不错。"

话都说到这份上了，孟昶只好点头答应。他摆了摆手，说："你去办吧，这事你在行。"

原来，早在四十年前，前蜀被后唐攻破的时候，写降书的人就是李昊。没想到四十年后的今天，历史竟然神奇地重演了。

几天后的一个清晨，在成都北郊的升仙桥畔，孟昶穿一件白衣，口里衔一块玉璧，头上缠着草绳，手牵一只白羊。身后的文武百官都穿着孝衣，打着赤脚，伏在一口棺材上放声大哭。

这场面在今天看来有些怪异吧，其实，这是历朝国君投降

叱咤风云 CHIZHA FENGYUN

时的"礼仪",以表示自己犯有死罪,听凭发落,而官员们则是在为他哭丧。

这时,宋军主帅王全斌走过来,代表天子取下玉璧和草绳,牵走白羊,一把火烧掉了棺材,并当众宣读赦免孟昶的诏书。直到这时,受降仪式才算圆满结束。

俗话说,"少不入蜀,老不出川。"孟昶却在四十六岁这年,以亡国之君的身份被押解离成都,这还是他这辈子第一次离开四川。

孟昶到了汴京后,太祖果然没有食言,好酒好菜地招待他,还在河边上建了一座大宅院,给他和家人居住,并尊称孟昶的母亲李太后为"国母"。

虽然封了官,也得了很多赏赐,但孟昶却无福消受,只过了七天,就病死了。

孟昶去世的时候,李太后没有流泪,只是把酒倒在地上,说:"你不能为国家社稷而死,苟活到今天,连我也为你感到羞愧。我之所以一直没有自杀,是因为你还在的缘故,现在既然你已经死了,我还活着做什么!"

于是,李太后绝食数日,没几天也去世了。

嘻哈园

叱咤风云 CHIZHA FENGYUN

征蜀虽易，平蜀难

从大宋出兵到孟昶受降，只花了区区六十六天的时间。面对蜀国险峻的地势，居然能在这么短的时间内取得胜利，大宋军队的效率实在惊人。

不过，当得知宋军入城后的表现后，宋太祖脸都气青了。

原本，在宋军出征前，为了鼓励将士们积极战斗，宋太祖曾对他们说："攻克敌人的城池或营寨后，只需把军械和军粮入库，其他的金银器物和丝织品，随便你们怎么分，朕只要土地。"

既然皇上开了金口，将士们便不客气了，一进城就露出了强盗的面目——抢！

不管是财主家的金银财宝，还是店铺里的绫罗绸缎，宋军见到什么就抢什么，连百姓家的黄花闺女也不放过，统统给糟蹋了。

对宋军的所作所为，主帅王全斌从来都是睁一只眼，闭一只眼。他没有直接参与士兵们的抢劫行动，但这并不表示他就洁身自好。恰恰相反，他的胃口更大，直接从后蜀的国库里拿走了十六万万贯铜钱。

宋军将士在后蜀土地上犯下的罪行，很快激起了蜀国人的反抗。

为了安定后蜀的局势，也为了给北方增加壮丁，太祖下令将后蜀降军迁往汴京。可这样一来，路上就要花费很大一笔钱，王全斌舍不得白花花的银子，于是擅自删减了士兵的数量，在路

叱咤风云

上更是像对待猪狗一样对待他们。

降军忍无可忍，终于发起了暴动，一举攻陷了彭州（今四川省彭县），杀光了所有守城的宋军。

各州县纷纷起兵响应，一夜之间，蜀军迅速发展到十万多人。

这时，成都城内还有两万七千名蜀国降兵，为了避免他们里应外合，王全斌做了一个冷酷的决定——把他们全杀了。

如此一来，蜀国人被彻底激怒了，他们疯狂地反抗，仇恨的火焰燃烧着整个巴蜀大地。宋军投入了大量的兵力，花了整整两年时间，付出了沉重的代价，才彻底平息叛乱。

王全斌虽然有平蜀之功，却被降职责罚，从此不再带兵了。

叱咤风云 CHIZHA FENGYUN

皇上为什么重用文人？

众所周知，当今皇帝是武将出身，曾经很看不起文人。他觉得因为文人满口之乎者也，与他这个"大老粗"格格不入。太祖甚至还嘲笑过他们的迂腐和呆板，连当朝宰相赵普也不能幸免。

有一次，太祖和赵普一同散步，走到城门下，太祖突然用手向上一指，说："这朱雀门的'朱雀'二字后面，为什么要加个'之'字？"

赵普回答说："这个是语气助词。"

没想到太祖听了，露出一脸不屑的笑容，说："哼，之乎者也，能助个什么！"由此可见，太祖是多么瞧不起文人。

但自从灭了蜀国之后，太祖对文人的态度来了个一百八十度大转弯，这是为什么呢？

原来，平定后蜀后，有人在清理战利品时发现后蜀的一面铜镜，上面刻着"乾德四年"的字样。现在是乾德三年，怎么会出现乾德四年的东西？难道有什么不好的征兆吗？

太祖越想越邪乎，这时翰林学士窦仪走了过来，说："前蜀的王衍也用过'乾德'的年号，这个铜镜就是那时的东西。"

太祖这才放下心来，不禁赞叹道："看来还是要多用读书人啊！"

从此，太祖不但重视文人，还重用文官管理国家。

MINGREN YOU YUE 名人有约

越越 大嘴记者

宋太祖 特约嘉宾

嘉宾简介： 他通过"陈桥兵变"登上皇帝的宝座，成为大宋的开国皇帝，又通过"杯酒释兵权"，收回禁军的兵权，稳定了人心。眼看国内已定，雄心勃勃的他又将目光投向四海，到目前为止，他已经顺利夺取了湖南、荆南以及有"天府之国"美称的后蜀，他能够实现统一天下的梦想吗？

越　越：陛下，您好！听说我朝子民平时将您称为"艺祖"，看来您在大家心目中的地位很高啊！

宋太祖：（摸摸胡子）是吗？记者先生不是拍马屁吧？这个"艺祖"是什么意思？是艺人的祖师爷？

越　越：NO，NO！这个称号来自《尚书》，只有有文德才艺的古代帝王才被称为"艺祖"，是一种美称。

宋太祖：（大喜）还是你们读书人有学问。来，赐黄金二十两！

越　越：谢陛下。此番前来，首先是恭喜您拿下后蜀，这么难打的地方都被您征服了，真是厉害！

宋太祖：哪里哪里！我觉得后蜀灭亡最重要的一个原因就是，他们的皇帝只顾奢靡享乐，心思根本没放在治国上面。

越　越：为什么这么说呢？

宋太祖：在清点孟昶的物品时，我发现一样东西。

越　越：（两眼放光）什么东西？金子还是美玉？

宋太祖：非也非也，是一个尿壶。

越　越：嗨！原来是这玩意儿，这东西脏兮兮的，有什么好关注的？

宋太祖：记者有所不知，这个尿

名人有约 MINGREN YOU YUE

壶与别的尿壶可不一样，它由顶级工匠精雕细琢而成，上面镶满了各种各样的宝石，简直就是件工艺品。撒个尿都用这么贵重的东西，不是典型的败家子吗？照这样的玩法，他们后蜀怎能不亡国啊！

越　越：原来如此。（嘀咕）如果我碰到他，一定要对他说："土豪，我们做朋友吧！"

宋太祖：你说什么？

越　越：噢，那个，我是说当初您打败蜀国后，为什么不干脆杀了孟昶？

宋太祖：我堂堂大宋皇帝，怎么能这么小肚鸡肠？再说了，孟昶可是我第一个国君级别的"收藏品"，要是不好好对他，其他国君会怎么看我？他们还会归顺吗？所以孟昶来汴京后，我就跟他说，既然他来了，以前的是是非非就都过去了，我不会计较的，而且发誓好好待他，绝不加害他。

越　越：可他还是死了！

宋太祖：（瞪眼）你什么意思？是在怀疑我吗？

越　越：（惊吓）不敢不敢！您这么仁慈，怎么会对一个亡国之君下黑手呢？除非……

宋太祖：（不说话，脸越来越黑）

越　越：（见形势不对，转移话题）对了，说到他，我想到一个女人。

宋太祖：（警觉地）谁？

越　越：孟昶的宠妃花蕊夫人。听说她不但国色天香，还会作诗，可说是才貌双全！

宋太祖：咳——别听人瞎说，她人在深宫内院，别人怎么会知道她漂不漂亮？

越　越：咦？原来她在宫里呀？她不是跟着孟昶来到大宋了吗？难道是在大宋的宫里？那陛下您将她收在宫里了吗？……

宋太祖：我还有件事没办，先告辞了。（起身走人）

越　越：（跟上去）陛下，陛下，我话还没说完呢！

广告铺

大赦荆、湖地区通告

现决定，免除荆南、潭州、朗州死刑犯的死罪，被处以流放以下罪刑的犯人全部释放，被发配到这些地方的人，允许回到自己的故乡；凡三年前的欠税以及其他特殊税收，一律免除。

大宋刑部

重用文官，收回财权

为避免国家发生动乱，从今日起，朝廷将收回各藩镇节度使的州县管辖权、财权以及司法权。各地州县长官均由朝廷委派文官担任。各路（编者注：路相当于现在的省）税收除少量日常开销外，须全部上交给转运司。

而全国各地所有判处死刑的案件，要全部上报朝廷，各州县官员不得私自对犯人处以死刑，相关司法人员由文官担任。特此告知。

大宋朝廷

征蜀大军的"四不准"

军队所到之地，不准放火焚烧房屋建筑；不准驱赶掠夺当地官吏和人民；不准挖掘民间坟墓，盗取陪葬品；不准砍伐桑树枝叶。凡违反者，一律严惩不贷。

大宋皇帝赵匡胤

述亡国之由

君王城上竖降旗，妾在深宫哪得知？十四万人齐解甲，更无一个是男儿！

花蕊夫人

第9期
公元967年—公元971年

穿越报 CHUANYUE BAO

一颗铜豌豆

【烽火快报】
- 一颗硌牙的铜豌豆

【叱咤风云】
- 诡秘的刺客
- 郭无为的如意算盘
- 水淹汾河，功亏一篑

【名人有约】
- 特约嘉宾：刘铱

【广告铺】
- 关于监狱管理的新规定
- 关于祭祀用品的新规定
- 用金钱赎回被夺土地

【智者为王】
- 第3关

穿越必读 CHUANYUE BIDU

平定后蜀之后，宋朝的国力大大增强，可宋太祖仍不满足。北方的北汉，因为紧靠汴京，而且有契丹做后盾，始终是大宋的心腹之患。那么，他能顺利平定这个国家吗？

烽火快报

FENGHUO KUAIBAO

一颗硌牙的铜豌豆
——来自汴京的加密快报

吞灭了湖南国、荆南国，攻下了后蜀国……现在，太祖可以高枕无忧了吗？当然不能。一连串的征战，把其他的邻居给吓着了，对大宋更提高了警惕。

要是换了别人，行事一定会收敛一点。而太祖呢，却反其道而行之，还是时不时出击一下，搞得大家心神不宁。

比如说，对付南唐，自从李璟去世后，他那同样胆小的儿子李煜即位，太祖时而送去一个和尚陪李煜念经，时而在长江边训练水兵，摆出一副时刻准备杀过去的样子，吓得李煜七魂丢了六魄，不敢轻举妄动。

对付离得更远一点的南汉，他干脆直接派人打了过去。

至于北汉，原本是个不起眼的小国，因为有契丹的撑腰，变成了一颗硌牙的铜豌豆，让宋太祖吃嘛嘛不香。

打，还是不打呢？打吧，万一引来了契丹那只狼，得不偿失；不打吧，硌得牙疼。

那么，一向英明神武的宋太祖会作出什么样的决策呢？我们会继续追踪报道。

鸿雁传书 HONGYAN CHUAN SHU

大宋皇帝给我下战书了

穿穿老师：

您好！前几天大宋皇帝叫人给我传话说："阁下的家族和后周是世仇，抵抗后周是应该的。可是，我和你之间却没有任何仇恨，为什么还要劳师动众地与我作对呢？如果北汉有统一中原的志向，就应该越过太行山南下，我们决一胜负！"

穿穿老师，您觉得我应该接受他的挑战吗？

北汉皇帝　刘钧

陛下：

您好！这只不过是大宋皇帝的激将法而已。您应该知道，宋太祖已经夺取了荆南国、湖南国，甚至连后蜀国都被他灭了，他的实力已经远在中原各国之上。

北汉虽有辽国的庇护，但您的土地和军队加起来连大宋的十分之一都没有。如果您接受他的挑战，无异于以卵击石，自取灭亡啊！

希望您能克制住自己，不要拿整个北汉去冒险！祝您好运！

《穿越报》编辑

【最终，刘钧拒绝了赵匡胤的挑战。既然刘钧这么胆小，赵匡胤也就顺水推舟，没有对北汉出兵。】

诡秘的刺客

因为刘钧的隐忍克制,北汉与大宋相安无事地度过了几年。这时刘钧已经年过四十,却一直没有儿子,他想把皇位传给养子刘继恩。

临死前,刘钧紧紧拉着宰相郭无为的手说:"继恩性格淳朴、孝顺,但却没有治理国家的才能,以后国家大事你要多帮帮他。"

然而在刘继恩继承皇位后,郭无为趁他根基不稳,仗着自己的资历老,把持了北汉的大小事务。

刘继恩不甘心做傀儡,心一横,便举行了一场盛大的筵席,宴请大臣和皇室子弟,想在宴会上干掉郭无为。

谁知当天所有的人都到了,只有郭无为没来。

刘继恩非常失望,等宴会结束后便闷闷不乐地睡了。在他睡得正香的时候,十几个刺客突然破门而入,将他乱刀砍死了。

巧的是,刘继恩的血都还没干,郭无为就又派兵冲进了房间,把刺客们杀死了。随后,拥立刘继恩的弟弟刘继元为帝。

这件事震动了整个北汉。有人说,刺客是大宋派来的间谍;也有人说,刺客其实是郭无为派去的,等事情一成功,郭无为便立刻杀人灭口。

至于真相究竟如何,恐怕已经无人知晓了。

叱咤风云 CHIZHA FENGYUN

郭无为的如意算盘

眼看北汉的皇帝换来换去，朝中人心不稳，再加上他们的大靠山——辽国因为皇帝遇刺身亡，乱成一团，一时间也腾不出手来管北汉的事。

此时不出手，更待何时？公元968年，太祖命人向北汉发动了进攻。可是太原的城墙又高又厚，宋军攻了老半天，连墙皮都没挠下来。

想来想去，太祖决定放弃强攻，去找一个老朋友，希望能采取招降的方式，以最小的代价取得北汉。

这个老朋友就是郭无为，他早年曾投奔过郭威。郭威没看上他，把他赶跑了，也就在这段时间，他认识了太祖。

太祖派使者带去了若干诏书，向老朋友做出承诺，一旦招降成功，就封他和刘继元为节度使，其他北汉将领们也都有官做。

可没想到的是，郭无为起了私心，不肯让那些将领占便宜，只把封刘继元的诏书公开了，其余的全部藏了起来。

哪知，郭无为唾沫都说干了，刘继元仍旧不为所动，并开始怀疑他有反叛之心。而将士们呢，没有看到剩下的诏书，自然不肯归顺。可怜太祖的好事，就这么被郭无为给破坏了。

（后来，有个宦官暗中探访后，将郭无为里通宋军的事情禀告了刘继元。刘继元一怒之下，将郭无为处死了。）

XIHA YUAN 嘻哈园

水淹汾河，功亏一篑

虽然招降北汉的计划失败了，但太祖并不打算就此放弃，公元969年二月十日，太祖宣布要亲征北汉！

可惜天公不作美，军队刚出发没多久，就遇上一场大暴雨，被迫在野外停留了十八天。

这十八天里，部队也没闲着，居然抓到一个北汉的奸细。太祖决定亲自审问他。

令人意外的是，奸细一见到太祖便磕头说："太原城的老百姓深受刘继元荼毒，日日夜夜盼着您来，您为什么来得这么慢呢！"

听了他的话，太祖哈哈大笑，不仅没杀他，反而赏了他一套衣服，放他走了。

眼看太原城正向自己招手，太祖恨不得插上翅膀飞进去，听北汉老百姓们的欢呼。

可等他到了太原城后，才发现自己被骗了。

太原城军民团结一心，把城池守得严严实实的，连一只苍蝇

叱咤风云
CHIZHA FENGYUN

都飞不进去。无论宋军怎么攻打,太原的城门就是攻不破。不仅如此,北汉军还时不时来个偷袭,弄得宋军防不胜防,郁闷不已。

正当太祖烦躁不安的时候,一个叫陈承昭的部将对他说:"陛下身边有千军万马,为什么不用呢?"

太祖迷惑不解,大宋所有的军队加起来,也不过二十来万,哪来的千军万马?

陈承昭用马鞭指了指汾河。宋太祖恍然大悟,原来陈承昭的意思是用汾河水来淹太原城。

这真是个好办法!太祖大笑,当即下令由陈承昭负责这项任务。

第二天,宋军在汾河的河堤上掘开一道口子,把河水引到太原城。

河水源源不断地涌向城墙。终于,两个月后,只听"哗啦"一声,南城墙被河水冲垮了,大水涌入城中,城内的官民惊恐不已。

叱咤风云 CHIZHA FENGYUN

宋军正想趁机进攻，不料一大堆草从城中漂出来，漂到缺口上，直接把口子堵了。北汉军趁机施工，又把城墙给修好了。

这该死的城墙！宋军的将士们愤怒了，一位将军向宋太祖请命作先锋。

宋太祖拒绝了，说："你们是我亲自训练的士兵，每个人都能以一当百，所以我才让你们护卫左右，与我同生共死。我宁愿得不到太原城，也不能让你们去送死！"

将士们听了，感动得流下眼泪。

然而，更要命的是，辽国人来增援了！

好汉不吃眼前亏！宋太祖是个好汉，当即下令撤兵回朝，临走时，还带走了太原城边上的一万多户北汉居民。

宋太祖亲征北汉的军事行动就这样中止了。

BAIXING CHAGUAN 百姓茶馆

东方不亮西方亮

虽然陛下没有攻下北汉，可也大大打击了北汉的气势。哼哼，暂且让刘继元那小子多活几天，等机会来了再收拾他。

宋军士兵

当铺赵老板

陛下没有继续进攻北汉，是因为想留着北汉给咱们大宋挡着辽国呢！他下一个目标是南汉！这南汉在岭南，却总不知天高地厚，时不时来骚扰一下我们中原。陛下早就想收拾他了！

哈哈，要是拿下南汉，南唐就无处可逃了！不过，对付南汉，陛下没急着动手，而是让南唐国主李煜写了一封劝降信，送给南汉皇帝刘铱（chǎng），这就叫先礼后兵。

龙武镖局刘镖师

绣庄李员外

可刘铱跟刘继元那小子一样不识趣，硬要跟大宋作对，听说他把大象都用上了，还是没能阻挡宋军。更可气的是，他在投降前，放了一把火，把国库和宫殿烧得干干净净，名义上虽然投降了，实际上一点好处都没给宋军留下。真是个奸人！

名人有约 MINGREN YOU YUE

刘铱 特约嘉宾

越越 大嘴记者

嘉宾简介：他是南汉最后一个皇帝，继承了南汉皇帝一贯的"优良传统"——残暴成性，荒淫无度。在他统治的时期，南汉的库房里堆满了搜刮自民间的珍宝，并且每一百个人里就有两名太监。这样变态的"太监帝国"，怎能不亡国呢？

越越：陛下，您好！

刘铱：（将食指放在嘴唇上）嘘！我已经不是皇帝了，我现在是大宋皇帝赐封的"恩赦侯"，你再乱喊，小心掉脑袋！

越越：（一惊，摸摸脖子）哦！真对不起！我老记得您还是南汉的皇帝呢。

刘铱：别提了，南汉早亡国了，我现在成了亡国之君啊！（抬起袖子，擦擦眼泪）

越越：（叹了口气）早知如此，又何必当初呢。您私底下有好好反省过吗？

刘铱：当然啦！我现在肠子都悔青了！

越越：您都总结了啥？说来听听！

刘铱：（懊恼地）首先，我不该把大臣们都变成太监……

越越：等等，您刚才说把大臣们变成太监，这是怎么回事？

刘铱：（清了清嗓子）大臣们一般都有家室，有了家室就会有私心，有了私心就不会百分之百地向朝廷尽忠，只有太监才会忠心耿耿，所以……

越越：（满脸黑线）所以您就把他们变成太监了，您的想法还真是奇葩！

刘铱：（弱弱地问）你这是在夸我吗？

越越：（嘴角抽搐）算是吧！您还反省过其他方面吗？

刘铱：我不该贪恋美色，荒废了朝政……

名人有约

越越：等一下，您说的美色，是不是一个叫樊胡子的女巫？

刘铢：（白了越越一眼）樊胡子大师是我朝的精神导师，岂容你玷污她的名节？

越越：原来你们的精神导师竟是女巫，真是令我大开眼界！那您说的美色是谁呢？

刘铢：（两眼放光）嘿嘿，我说的美色，在中原可见不到。

越越：莫非是海外来的？

刘铢：没错，她来自遥远而神秘的波斯国，皮肤黝黑，体态丰腴，而且力大无穷！我给她取了个很般配的名字，叫"媚猪"。

越越：（三观尽毁）好吧，您还有哪些反省呢？

刘铢：其实，我前面所说的一切，都是手下那帮奸臣叫我做的，他们才是罪魁祸首！

越越：所以呢？

刘铢：所以，我请求陛下治他们一个祸国殃民之罪，把他们给砍了！

越越：（冷汗）原来这就是您所谓的反省呀！把责任全推得一干二净了！

刘铢：你可不要信口雌黄，正因为我反省得深刻，陛下才封我为"恩赦侯"呢！

越越：（怀疑）是吗？可我怎么听说，陛下赐了你一杯毒酒！

刘铢：陛下是赐了我一杯酒，我起先以为有毒，不肯喝。要知道，我当皇帝的时候，赐毒酒可是我的拿手好戏哩！结果你猜怎么着，陛下竟当着我的面把酒喝了——原来陛下这是当我是自己人，对我推心置腹呢！哈哈！

越越：（揶揄地）该不是您给陛下送礼了，他才饶了您吧！

刘铢：嗨，送什么礼呀！我不过是用宝珠编了个游龙状的马鞍献给陛下，他很高兴地收下了。

越越：唉，恩赦侯真是能上能下，能屈能伸啊！要是换作我，都没脸活了（小声地）！

刘铢：（愠怒地）你说什么？

越越：没什么！我看时间不早了，今天的采访就到这里，再见！

广告铺

关于监狱管理的新规定

从今天开始，西京（编者注：今河南省洛阳市）各州掌管监狱的官员必须每隔五天视察一次监狱，检查卫生状况、清洗刑具等。对贫困的犯人，要提供饮食；对生病的犯人，要及时请人医治；如果只是犯了轻微罪行的人，审判后马上释放回家。

大宋刑部

关于祭祀用品的新规定

为了保护耕牛，从今以后，除了祭祀天地外，其他祭祀活动一律不许用牛做祭品，只能用羊和猪。违令者严惩不贷。

大宋礼部

用金钱赎回被夺土地

为应付国家的突发事件，我朝专门设立了内库——封桩库，即把每年节余的国家财富放到此库里面，用作财政准备金。经过近年的休养生息，再加上各地方藩镇的大力配合，积极上缴金银财帛，封桩库收入大大增加。为避免流血作战，本朝打算用此钱赎回幽云十六州这块战略要地，统一中原。

大宋户部

ZHIZHE WEI WANG 智者为王

第3关

智者无敌 王者为大

1. 宋太祖为什么要收回高怀德、石守信等人的兵权？
2. 宋太祖把侍卫司改成了哪两个部门？
3. 杜太后认为宋太祖能当上皇帝的主要原因是什么？
4. 李璟去世后，继承国主之位的是谁？
5. 花了不足一百天，太祖就先后收服了哪两个国家？
6. "世修降表李家"说的是谁？
7. 宋军攻蜀和平蜀所用的时间分别是多长？
8. 花蕊夫人的诗作《述亡国之由》最后两句是什么？
9. 宋太祖亲征北汉的时间是哪一年？
10. 宋太祖给北汉皇帝刘钧下战书，刘钧接受了还是拒绝了？
11. 郭无为曾被谁赶跑过？
12. 郭无为是怎样处理宋太祖的招降诏书的？
13. 谁建议宋太祖用汾河水淹太原城？
14. 宋太祖最后攻克太原城了吗？
15. 宋太祖命谁给南汉皇帝刘铱写信，劝他投降？

第10期
公元971年—公元973年

封王与罢相
赵匡胤卷

穿越报
CHUANYUE BAO

【烽火快报】
- 黄河决口，谁买单？

【绝密档案】
- 大宋第一红人

【叱咤风云】
- 宰相和皇弟唱起了对台戏
- 谁是最后的大赢家

【名人有约】
- 特约嘉宾：赵普

【广告铺】
- 太祖亲自面试进士
- 推贤令
- 互祝元旦快乐

穿越必读 CHUANYUE BIDU

大宋立国不久，国家大大小小的事务时刻考验着赵匡胤的智慧。朝廷表面看上去风平浪静，实际却暗流涌动，一场宰相与皇弟之间的战争悄然上演……

烽火快报
FENGHUO KUAIBAO

黄河决口，谁买单？
——来自澶州的加密快报

公元971年十一月，从澶州传来一个消息：黄河决口了！大片大片的房屋和农田被淹，伴随而来的，是疫病、饥荒，给正在进行的战争带来了巨大的影响。为此，朝廷不得不将大量的精力投入到赈灾中。

太祖一怒，将澶州的知府罢了官；而对州府长官负有监察责任的通判，则被当街斩首，尸体也被抛入黄河中。

同样是承担责任，为何一人只是被罢了官，而另一人却丢了身家性命呢？

老百姓议论纷纷，有的说，这是因为澶州知府姓杜，是太祖的亲舅舅，而那个通判只是个小小的芝麻官，没有后台；有的说，这通判后台来头也不小，是当朝皇弟赵光义的人，但通判得罪了当朝宰相赵普，所以被杀了。这种说法马上遭到其他人的反对，说通判本来就是赵普推荐的。说起来，赵普还是通判的伯乐呢！

一件小小的地方案件，居然把当朝皇帝、皇弟和宰相都扯了进来。

凭着敏锐的嗅觉，记者马上意识到这件看似简单的事情后面，隐藏着巨大的秘密，于是当即奔赴汴京。

到底是什么秘密呢？请大家继续关注本报的报道！

来自澶州的加密快报！

绝密档案 JUEMI DANGAN

大宋第一红人

记者经过明察暗访，发现这起案件果然大有来头。

如果有人问，除了皇帝之外，谁是大宋最有权势的人，答案只有一个——宰相赵普。

早在太祖还未称帝时，赵普就与他结为至交，为他出谋划策。太祖的父亲在滁州养病时，赵普更是衣不解带，像伺候自己的父亲一样伺候，为此，赵家人都把他当做自家人看待。

更重要的是，据知情人透露，"陈桥兵变"和"杯酒释兵权"等一系列大事件都是赵普的幕后杰作，因此，太祖将他视为大宋王朝最大的功臣，封他为宰相，无论什么事情，都要事先征求他的意见。

作为大宋第一红人，按理说应该没人敢得罪这位宰相大人才对。可是，偏偏就有人不把他放在眼里，这人便是原任汴京府通判的姚恕。

有一次，赵普在家宴请宾客，姚恕上门求见，请门房去通报。俗话说，"相府门房六品官"。门房根本没

把姚恕放在眼里,态度十分傲慢。姚恕大怒,转身就走。

赵普知道这件事后,马上派人把姚恕追了回来,并当众向他道歉。谁知姚恕一点也不买账,在众目睽睽之下,头也不回地走了,弄得赵普下不了台。

对姚恕的无礼,赵普气得牙痒痒,一直想给他一点教训。不久,他便推荐姚恕去做了澶州通判。

澶州通判可不是什么肥缺职位,反而是个定时炸弹。姚恕上任不到两年,就发生了以上事件,落了个凄惨下场。

宰相和皇弟唱起了对台戏

得知姚恕的死因,不少人扼腕叹息,说他一个小小的芝麻官,不该不自量力,与一手遮天的宰相大人为敌。

这时,马上就有人跳出来说,你懂什么,姚恕之所以这么大胆,是因为他有一个更强大的后台;而赵普拿姚恕开刀,也是因为这个后台。

这个后台,便是太祖的亲弟弟——已经当了十年汴京府尹的赵光义。太祖在汴京的时候,他就做府尹该干的活;太祖出征在外的时候,他就干着皇帝的活儿。

俗话说得好,"打狗也得看主人"。作为杜太后钦点的第二代皇位接班人,赵普为什么要得罪他呢?

原来,赵普认为,皇位应该根据传统,"传子不传弟",屡次暗示太祖,应该立即解除皇弟皇位继承人的地位,立皇子赵德昭为太子。

公元964年,太祖原本打算将皇子与皇弟同时封王,并准备颁布诏书时,遭到赵普的阻挠。

赵普说:"除非先立太子,否则绝不能让皇子与皇弟同时封王,即使封王,皇子的地位也须

叱咤风云

在皇弟之上。"

太祖犹豫了,皇子与皇弟封王的事情也就耽搁了下来。这自然引起了赵光义对赵普以及皇兄的不满。

从此,赵光义开始到处搜罗人才,除了招募到姚恕这些人,还发展到朝廷里里外外都是他的人,就连皇上的心腹太监也跟他走得很近。

在征南汉的时候,有一次,管理财政的大臣向宋太祖上奏,说国库里的粮只能供应到来年二月,要求解散禁军,分散各地,同时征调民船,到江淮一带去运粮。

太祖气得大骂:"你这个官是怎么当的?国家没有九年的储备就是不足!你为什么不提前做好计划,竟然要我现在解散禁军,征调民船,这是一下子能办到的事情吗?你自己想办法,要是真缺粮了,我就杀了你以谢天下!"

那大臣被这一骂,吓得要命。关键时刻,他想到了赵光义,希望他能求个情,宽限几天。

没想到,赵光义不但帮他说了情,还把一大批粮食运进了国库!

除了皇帝,身边竟然还有这样手可通天的人物,而这个人,却视自己为敌人。这一切,不得不让赵普感到吃惊,甚至恐惧。

当赵普把这件事告诉宋太祖时,太祖的回答却是:"一个将来要当皇帝的人,难道手下不应该有得力的干将吗?"

赵普会遭到赵光义的报复吗?

百姓茶馆 BAIXING CHAGUAN

宰相的日子不好过

现在皇帝日子不好过了。这宰相和皇弟今天你告我，明天我告你的，成天水火不容，不得安宁！我真同情陛下啊！

皇宫金侍卫

何书生

最不好过的还是宰相大人啊！听说他最近和军队大将李崇矩结了亲家，唉，宰相大人是聪明一世，糊涂一时啊！皇帝怎么能容忍手下结党营私呢？这不，亲家被降了职。

唉，还有更惨的呢，陛下突然下诏，要重新选用相府的官吏，还规定从即日起，三年换一次。我们跟了相爷这么多年，一下子裁的裁，撤的撤，换的换，唉，我们相府的辉煌恐怕一去不复返了。

相府门官

聚友饭庄姚掌柜

宰相大人也真是多管闲事，谁当皇帝不是当呢？而且这赵光义也是他看着长大的，当年杜太后还活着的时候，还常常叮嘱赵光义说："出门必须与赵书记同行才行。"原来两人关系这么好，可现在闹成这个样子，对他有什么好处呢？真无法理解。

152

叱咤风云

谁是最后的大赢家

作为百官之首，赵普在皇帝跟前红得发紫，红到什么程度呢？给大家讲两个故事吧。

一次，雷德骧（那个被太祖打掉牙齿的官员）因看不惯赵普私自增加刑罚，跑到皇帝跟前告状，结果没告成，自己还差点掉了脑袋。还有一次，三司使赵玭（pín）向太祖告发赵普违反禁令，贩运木材。结果也没告成，还被贬了官。总之，太祖对赵普是相当好，就连赵普生了病，太祖也会亲自上门探望。赵普的风头可说是无人能敌。

但一个人如果权力过大，就容易滋生腐败和专权，赵普也不例外。大臣们对他十分不满，但碍于他的权势，都敢怒不敢言。

但有一个人除外，那就是翰林学士卢多逊。卢多逊博览群书，不论皇上问起什么问题，他都对答如流，深得太祖欣赏。卢多逊很看不惯赵普，常常在太祖面前说起赵普，当然不是什么好话。太祖听多了，对赵普也就不满起来。

这时，雷德骧的儿子雷有邻上朝参了赵普一本，说他受贿作弊，庇护贪官，还搜集了一大堆赵普及其属下的罪证。太祖看了果然大怒。没多久，赵普被罢了职，调离了京城。

事后，雷有邻升官了，卢多逊也升官了。很多人说，整件事的幕后策划人不是别人，正是皇弟赵光义。因为一个月后，赵光义就被加封为晋王，位列宰相之上。最后的赢家是谁，不言而喻。

嘻哈园 XIHA YUAN

鸿雁传书

我还会回来吗？

穿穿老师：

您好！我和陛下相识相知近二十年，担任宰相一职也有十年之久，可以说没有功劳也有苦劳，可到头来，却落得一个被贬的下场。唉！

其实，我打击那个人，不光是为了自己，也是为了陛下。只可惜陛下终究还是一介武夫，看不到那么远，看样子这个位子终究还是那个人的了。

那个人也是我从小看着长大的，书读得比陛下多，也许他当皇帝也是件好事吧。

只是如今我被调离了京城，不知道还有没有机会再回去，唉！

赵普

赵大人：

您好！那个人的"翅膀"如今已经硬了，恐怕连太祖皇帝都拿他没办法。作为宰相，您已经尽力了。接下来的事，就让它顺其自然吧！

如果您想回京城，也不是没可能。别忘了，当年太后遗命，只有您和太祖是见证人。所以，以您的才能及跟那个人的交情，再次登上相位也不是什么难事。相信你们总有一天会握手言和的。请耐心等待吧！

《穿越报》编辑 穿穿

【多年以后，赵光义称帝，将赵普召回朝廷，再次任命他为宰相。】

名人有约

越越 大嘴记者

赵普 特约嘉宾

嘉宾简介： 他曾是大宋王朝的首席文臣，赵匡胤的顶级智囊。从"陈桥兵变"到"杯酒释兵权"，从"雪夜定策"到出任宰相，赵匡胤的每一个重大决策中都有他的身影。然而，辉煌过后便是黯淡，如今他被罢相离京，只给众人留下无数唏嘘。

越越：宰相大人，近来可好？

赵普：（摆摆手）请别这么称呼，现在京城里没有宰相，只有晋王！

越越：您的意思是，除了皇帝以外，就是晋王最大了，连宰相也得靠边站？

赵普：可不是？皇上聪明一世，糊涂一时，他弟弟的势力现在是无孔不入啊！

越越：这是他们兄弟俩的事，传弟传子，不都是他们家人吗？有什么关系呢？

赵普：（摇摇手指）小后生还是太嫩啊！我们做臣子的，得为皇上的千秋大业着想。自古以来，皇位就是传给儿子的。若是反其道而行之，必定会影响皇室正统，影响天下安定。我不想看到天下又回到动乱时期，百姓再度遭殃啊！

越越：噢，我好像明白点儿了。如果晋王的权力过大，就容易造反，对吧？

赵普：嗯，孺子可教也！

越越：可是，我怎么听说，您的权力也不小啊！连陛下都拗不过您！

赵普：这话怎么说？

越越：听说您曾经向陛下推荐过一个人，结果陛下不喜欢他，还把您的折子给撕了。您就把碎片捡起来粘好，又呈了上去。陛下没办法，只好批准了。您为

名人有约

何要这么折腾呀？
赵普：选拔人才是为了国家建设，哪怕是陛下也不能忽任性胡来呀！我这么做，是为了大宋社稷着想。
越越：可我怎么听说，您比陛下还要任性哩！
赵普：（瞪眼）这话从何说起？
越越：听说您在办公的地方放了一个大瓦壶，各个部门呈上来的奏章，只要是您不喜欢的，就把它们扔到壶中。等壶满了之后，再把它们统统烧掉。这个您怎么解释呢？
赵普：（脸红了）哼，还不是因为朝廷里的某些人经常诽谤我，我才出此下策！
越越：谁胆子这么大，敢诽谤您？
赵普：比如那个卢多逊，动不动就在陛下面前说我的坏话，说我贪赃枉法，纵容手下……
越越：（怀疑地）那您有过吗？
赵普：当然没有！
越越：那吴越王钱俶（chù）送您的那十个坛子是怎么回事？里面都装了些什么呀？

赵普：（面不改色）当然是海鲜啊！
越越：嘻嘻，您不老实！当初陛下问您，您也说是海鲜。您骗我就算了，竟然连陛下都敢骗。您就说实话吧，里面到底装的是什么？
赵普：（懊恼地）你连这事都知道？好吧，是金子，坛子里装的全是金子。不过我发誓，我事先真的不知道，后来才发现的，再说陛下也没追究呀！
越越：这都不追究，陛下对您可真心不错！听说他准备西巡了，说不定会来看您哦！
赵普：现在我对陛下不抱什么奢望，只希望陛下龙体安康。
越越：问您最后一个问题，您这样跟晋王作对，有朝一日，晋王真当了皇帝，您不怕他报复您吗？
赵普：（笑）不怕，因为我手中有他最需要的东西，他有让我帮助他的时候。
越越：他需要什么东西？
赵普：天机不可泄露！（大笑而去）

广告铺

太祖亲自面试进士

在前不久的全国会试中,有人向朕反映考官徇私舞弊,判题不公,要求殿试。为示公平,现朕决定从中选取进士若干名,亲自出面进行复试。请相关人员做好准备。

宋太祖

推贤令

凡是有孝心的、善于耕作的,或者有文学才能和军事才能的人,请各地长官尽快将他们送往京城,朝廷将择优录用。

大宋吏部

互祝元旦快乐

值元旦来临之际,辽国将派使者来为我大宋王朝庆贺。为表示礼尚往来,我朝也将派遣使节前往上京,为辽王朝庆贺。希望两国人民的友谊地久天长。

(编者注:上京为今内蒙古自治区巴林左旗南部。)

大宋礼部

穿越报
CHUANYUE BAO

第11期
公元974年—公元975年

南唐悲歌

【烽火快报】
- 南唐，我又来了！

【绝密档案】
- 一幅画像，巧施反间计
- 李煜这个糊涂蛋

【叱咤风云】
- 上梁不正下梁歪
- 皇帝和说客的PK

【文化广场】
- "千古词帝"李煜

【名人有约】
- 特约嘉宾：李煜

【广告铺】
- 禁书令
- 赈济饥民通告
- "第一良将"封赏令

穿越必读 CHUANYUE BIDU

虽然没有征服北汉，但是宋太祖并没有气馁，又将目光瞄准了南唐。南唐国主李煜精通诗词音律，对政治和军事却一窍不通，于是一再委曲求全。宋太祖可不吃这一套，厉兵秣马，将战火再一次烧到了长江边。

烽火快报 FENGHUO KUAIBAO

南唐,我又来了!
——来自汴京的加密快报

将宰相和皇弟的事处理好之后,所有人都知道,大宋的下一个目标一定就是南唐了!

这不,宋太祖下了一道诏书,邀请李煜来京城做客。

李煜也不是个笨蛋,他知道自己去了京城,绝对是羊入虎口——有去无回。于是回复说,最近身体不舒服,不能远行,拒绝了太祖的要求。

太祖既生气又不甘心,于是命人出使南唐,内容还是跟以前一样,让李煜进京。

李煜被逼急了,委屈地对使者说:"我只是想保住祖宗留下的一点基业而已,为什么您要苦苦相逼呢!如果您是要我死,那我就死在您面前!"说完就往墙上撞,幸好被大臣拦住了。

太祖听到这事,大怒:"既然李煜这么不识时务,三番五次违抗我的命令,那我只好出兵了!"

公元974年九月,太祖命令大军南下,继柴荣之后,再次向南唐进攻了!

绝密档案

一幅画像，巧施反间计

眼看宋军压境，南唐危在旦夕，可作为国主的李煜却毫无办法。也许有人会问，放眼整个南唐，难道就没有一个敢和大宋叫板的将领吗？

当然有过。早几年，李煜身边还是有不少忠勇之士的。

当年大宋攻打南汉时，水军大将林仁肇（zhào）便兴冲冲地对李煜说："陛下，宋朝刚刚灭了后蜀，现在又来攻打南汉，往返几千里地，将士们累都累死了。如今他们淮南地段每个州的守军不超过一千人，请给我几万人马，我从寿州北渡淮河，一定能把江北再夺回来。"

为了消除李煜的顾虑，紧接着他又说："当我起兵时，您可以对外宣称我带兵叛变了。事情要是办成了，淮南归国家所有；万一失败了，您杀我全族，以此表示您并不知情。您看这样可好？"

谁知李煜听了这话，大惊失色："你千万不要胡说，这会连累到国家的！"

林仁肇只好长叹一声，走了。不久，他被调离金陵，任命为南都（今江西省南昌市）留守。

宋太祖听说这件事后，大为震惊，没想到南唐还有如此人才，不除掉他的话，攻下南唐怕没那么容易。

公元971年，李煜派他的弟弟李从善到汴京朝贡，太祖突然

绝密档案 JUEMI DANGAN

心生一计，当即热情款待了他一番，还将他留下来做官。

接着，太祖又派人潜入林府，搞到一幅林仁肇的画像，挂在自己的侧室里。

过了一段时间，李从善去见太祖，被人领到侧室，一眼就看到了林仁肇的画像，不解地问："这是我国武将林仁肇的画像，怎么会挂在这里呢？"

内侍支支吾吾了半天，说道："唉，既然你已经是宋朝的官员了，告诉你也没什么。皇上爱惜林仁肇的才能，给他下了封招降诏书，林将军也已经答应了，先送来画像作为信物，以表忠心。"

接着，内侍又指着远处一座豪宅说："那栋房子就是皇上准备给林将军住的，听说还要封他做节度使呢！"

李从善不知是计，还以为弄到了一个重磅消息，立即快马加鞭地传给李煜。

李煜信以为真，认为林仁肇真有二心，便设了个宴席招待林仁肇，并让人事先在酒里下了毒药。林仁肇喝了酒后，毒发身亡。

李煜这个糊涂蛋

除了林仁肇,南唐还有一个叫卢绛的将领,很会打仗。比起林仁肇,他的眼光更加长远。

有一次,卢绛对李煜说:"陛下,吴越国和咱们是世仇,一旦宋朝打过来,它一定会变成帮凶,不如我们先动手灭了它,既能除去后患,又能增强实力。"

但李煜想都没想,马上否决了他的提议:"你难道不知吴越国和以前不一样了吗?它现在是大宋的附庸啊,怎么能对它出兵?"

卢绛不甘心,还是苦苦劝道:"陛下,其实灭掉吴越很容易,我们可以发个假消息,声称国内发生叛乱、兵力不足,然后去向吴越求援。吴越那帮人贪小便宜,肯定会向我们出兵,到时您趁机发兵截断他们的退路,我再领兵偷袭钱塘,必能一战成功!"

李煜还是置之不理,卢绛也只好悻悻地离开了。

见李煜这么糊涂,下面的人实在看不下去了。一个叫潘佑的人站了出来,

绝密档案 JUEMI DANGAN

大骂李煜是夏桀、商纣和孙皓。

前两个类比也就算了，顶多是暴君加昏君，可后面那个就有点让人受不了了。要知道，东吴的孙皓可是有名的亡国之君和窝囊废。

李煜气得发飙，一怒之下，将他关进了监狱。没过几天，性子刚烈的潘佑就在狱中自杀了。

李煜对臣子的劝谏不闻不问、一意孤行，还滥杀忠良，让南唐的仁人志士寒透了心。有人说："国家到了如此地步，还要杀害忠臣，真不知道我最终会死在什么地方！"

就这样，李煜这个糊涂蛋，一步步将南唐带向了万劫不复的深渊。

我是皇上，都要听我的。

鸿雁传书

到底该听谁的？

穿穿老师：

您好！现在我已经是大宋的天下兵马大元帅了。大宋皇帝下令，让我带兵攻打南唐的常州。

不过前几天，我收到南唐国主李煜的一封信。信里这样说的："今日没有了我，明天还会有你吗？一旦吴越也并入大宋的领土，你也不过是大宋的一个布衣百姓罢了。"

李煜的话也很有道理。南唐虽然是我们的仇敌，可它毕竟也替我挡着大宋啊！一旦它垮了，我们该怎么办？我该听谁的呢？

吴越王 钱俶

吴越王：

您好！吴越本是一小国，大宋之所以没有打来，就是因为您的隐忍与臣服，让它找不到攻打您的理由。如果您这时候反宋联唐，相信宋太祖会二话不说，先把您给灭掉！

南唐如果是个强国也就罢了，可您也知道，南唐国主李煜是个什么样的人。他浑浑噩噩、不思进取，最终才导致了南唐今日的凋败。这样一个人，值得您去信任吗？假如大宋此时发兵来攻打您，您觉得他会出手相救吗？

希望您能仔细考虑，不要拿整个吴越国去冒险！

《穿越报》编辑

【不久后，钱俶把李煜的信转交给了宋太祖。攻打南唐时，太祖授他为天下兵马大元帅，后许下承诺："朕会尽朕之力，保你一世平安！"】

百姓茶馆 BAIXING CHAGUAN

宋军打到眼皮底下了，怪谁？

听说宋军已经攻陷了长江天险采石矶，真是奇迹呀！历史上可从来没人能攻下这道天险，不知道用了什么方法？

南唐开心茶馆张老板

南唐士兵甲

说出来，你们会吓一跳！他们居然在长江上面搭了个浮桥，千军万马过来，跟走大路似的。太恐怖了！我还从来没见过！听说浮桥是个叫樊若水的南唐人想出来的！这家伙居然吃里爬外！

这能怪他吗？我们南唐有这样的人才自己不用，大宋一喊，就巴巴地把樊家一家老小给送了过去。我们把人家当垃圾，人家被大宋当做宝！

何书生

吉祥面馆李掌柜

这大宋皇帝够奸的。前不久，他们派使者卢多逊来南唐给李煜贺寿，说大宋在修天下地方志，少了南唐的。那李煜居然真给了，现在人家把咱们的地形、人口摸得清清楚楚！依我看，只能怪李煜太糊涂！

唉，算了，谁叫咱们南唐摊上这样的皇帝。现在敌人直逼金陵，大家还是赶紧收拾收拾，各找出路吧！

南唐侍卫乙

叱咤风云

上梁不正下梁歪

突破长江天险之后，宋朝大军将金陵团团围住。此时南唐国主李煜在做什么呢？

说出来你可能不信，已经是火烧眉毛的时候了，李煜却悠闲得很，整天躲在后花园里，和一帮和尚、道士研究佛学和《易经》。金陵城被宋军围困了一个月，他竟然毫不知情。

俗话说，"上梁不正下梁歪"。皇帝昏庸糊涂，大臣也好不到哪里去。

这时南唐的老将几乎死光了，守卫都城的重任交给了一个叫皇甫继勋的军官。

皇甫继勋年纪轻轻，没什么打仗经验，而且他也根本没有为国拼死的意志，反而希望李煜快点投降，只是不敢开口。

皇甫继勋常对将士们说："宋军强大凶悍，没有人能够抵挡！"

叱咤风云 CHIZHA FENGYUN

要是听到南唐兵败的消息，他就十分高兴地说："我就知道打不过人家。"

有部下不愿束手就擒，准备趁夜出城迎战，可被皇甫继勋逮住就是一顿毒打。将士们都敢怒不敢言。

有一天，李煜亲自巡视城池，突然发现城外布满营寨，漫山遍野都是宋军的旗帜，这才发现被骗了，又惊又怒，立刻下令将皇甫继勋拖出去砍头。

李煜话音刚落，愤怒的将士们一拥而上，转眼把皇甫继勋剁成了肉泥。

现在，李煜总算明白了什么是兵临城下，接下来他会有什么样的动作呢？

嘻哈园 XIHA YUAN

叱咤风云 CHIZHA FENGYUN

皇帝和说客的PK

眼看金陵危在旦夕，援兵却迟迟不至，李煜急得团团转，最后向宋太祖抛出了"杀手锏"——说客徐铉。

徐铉这人不是什么名将，官职也不大，但他有一个别人少有的长处，那就是伶牙俐齿，满腹经纶。为此，有人特地提醒宋太祖，徐铉这人十分厉害，千万不能大意。宋太祖却哈哈一笑，说："只管把他叫来！"

徐铉一上朝堂，就当着文武百官的面，大声疾呼："李煜侍奉陛下，就像儿子对父亲一样孝顺，从来没有犯过错，陛下凭什么派兵讨伐？"

太祖说："你说朕和李煜就像父亲和儿子，天下有父子不在一处吃饭的道理吗？"

徐铉一下被问得哑口无言。随行的人一看情况不妙，赶紧献上李煜的亲笔信。

可没想到，宋太祖看完信后说："你们国主所说的话，我看不懂！"

都到这份上了，徐铉也没什么好说的了，只好垂头丧气地回到了南唐，游说宋太祖的任务彻底失败。求和不行，那就继续

叱咤风云

打吧，好在还有十万援军。

可不幸的是，这最后一点希望，也很快被宋军扑灭了——那十万援军本想用火攻来对付宋军，没想到风向转了，反而把自己给烧了。李煜所有的底牌都用完了。为了南唐，他决定做最后一次努力。于是，他再一次派遣使者出使汴京，向宋朝皇帝求情，这次派的人还是徐铉。

徐铉见到宋太祖，乞求道："李煜实在是因为病重，才没能入朝觐见，并不是有意违抗您的诏令。恳请陛下暂缓进攻，以保全江南一方百姓的性命吧！"

宋太祖仍不为所动。

徐铉不甘心，继续与皇帝争论。也许是因为太过激动，他的语气越来越尖锐。

最后，这个书呆子终于把宋太祖给惹恼了。宋太祖按剑而起，怒喝道："你不要再说了！南唐的确没有什么罪过，只是天下都是一家，朕卧榻之侧，岂容他人鼾睡！"

一番话吓得徐铉灰溜溜地逃回金陵。

公元975年十一月，宋军攻破金陵，李煜出城投降。

"千古词帝"李煜

虽然李煜不是一个合格的皇帝，但他却是一个极为出色的词人。在亡国之前，他写过无数关于风花雪月的词，那是说不尽的绮丽，道不尽的缠绵。

亡国后，李煜被押往汴京。宋太祖虽然没有杀他，但他的日子也不好过。也许是因为身份发生了巨大的转变，再加上亡国之痛，他的词摆脱了以前绮丽柔靡的"花间"习气，变得凄凉悲壮起来。比如这首《浪淘沙》。

帘外雨潺潺，春意阑珊，罗衾不耐五更寒。梦里不知身是客，一晌贪欢。

独自莫凭栏，无限江山，别时容易见时难。流水落花春去也，天上人间。

在这首词里，李煜用精炼的语句，表达了对故国的怀念之情和亡国的悲凉心境。再比如另一首《相见欢》。

无言独上西楼，月如钩，寂寞梧桐深院锁清秋。

剪不断，理还乱，是离愁，别有一般滋味在心头。

这首词所用的词句也非常简单，但意境却深远无比，表达了作者离家去国、寂寞孤独的愁苦之情，极富艺术感染力。

像这样精妙的词，李煜还写了很多，大多都是亡国后所作。因为写得实在太好了，一时间大家广为传颂，李煜也因此被誉为"千古词帝"。

MINGREN YOU YUE 名人有约

越越 大嘴记者

李煜 特约嘉宾

嘉宾简介：他天生异相，多才多艺，在诗词格律方面堪称一绝；他讨厌政治，却生在帝王之家，不得不承担起治国重任；他懦弱胆怯，不思进取，最终导致了一个国家的覆灭。他就是南唐最后一位君主——李煜。

越越：李国主，您好！在汴京住得还习惯吗？

李煜：（面带难色）请不要再叫我国主了，我的国家已经灭亡，我成了亡国之君，还得了一个有侮辱性的封号——违命侯。活得这么屈辱，换了你，能习惯吗？

越越：您的遭遇实在令人同情，可是事已至此，有什么办法呢？您难道还想回去当皇帝吗？

李煜：（委屈地）当皇帝？你以为当年我想当这个皇帝吗？如果我能选择的话，我宁愿生在平民之家，不必每天为国家大事操心，还可以尽情地享受诗词和音乐带来的乐趣。

越越：您家里有那么多兄弟，这个皇帝也不一定非得您来当啊！

李煜：唉，你仔细看看我的长相就知道了。

越越：（仔细观察李煜的相貌）哇，您竟然是骈（pián）齿（编者注：骈齿即牙齿重叠，其实就是一种比较整齐的龅牙），一只眼睛还是重瞳（编者注：重瞳即一个眼睛里有两个瞳孔）。

李煜：他们说这是圣人之相，天生就是做帝王的料。可是你也看到了，我现在的下场有多惨。这说明所谓的帝王之相，根本就不靠谱。

名人有约 MINGREN YOU YUE

越越：可您毕竟还是做了天子呀！您的上面有五位哥哥，都没能当上皇帝，而您不想当，却偏偏当上了，这难道不是所谓的"天命"吗？

李煜：也许吧，我的确有五位哥哥，尤其是大哥李弘冀，文武双全，还曾战胜过雄才大略的周世宗柴荣。如果由他继承皇位，也许南唐今天就不会亡国了（擦泪）。

越越：说到亡国，我有个问题不知道该不该问。

李煜：（迟疑了一下）问吧！

越越：有人说，正是因为您整天寻章摘句、弹琴奏乐、不务正业才导致亡国的，您怎么看待这种说法？

李煜：（面带怒色）谁又在我背后乱嚼舌根，我一定治他的罪！

越越：（清了清嗓子）我得提醒您，您现在已经不是一国之君了，哪能随随便便治别人的罪呢？

李煜：（喃喃自语）是呀，我已经不是一国之君了，早就不是了。可我写诗也好，弹琴也罢，都只是为了娥皇，我有什么错呢？

越越：您说的是大周后吧！唉，可惜她死得早，不然的话，她现在也可以陪着您！

李煜：娥皇是这个世上最懂我的人。她温柔贤惠、美丽动人，还精通音律，只靠几页残谱，就补成了失传已久的《霓裳羽衣曲》。她和我一样疯狂地热爱艺术。

越越：（鄙视地）是吗？那小周后又是怎么回事？据可靠消息，您跟小周后好上的时候，娥皇还生着病呢！

李煜：（尴尬地）我想起还有一点事没做，先走一步，下次再聊！

越越：（追上去）等等，我还有问题没问完呢……

广告铺

禁书令

从即日起，严厉禁止百姓学习玄象器物、天文、图谶（chèn）、七曜历、太乙、雷公、六壬等奇门遁甲之术，百姓家中不许私自收藏此类书籍，凡是有的，一律要上交官府。

大宋工部

赈济饥民通告

我大宋灭南唐，一共得到十九个州，三个军事管理区，一百零八个县，六十五万五千零六十五户。由于长久的战乱，南唐百姓食不果腹。因此朕决定调集大米十万石，赈济金陵城中的饥民。

大宋皇帝

"第一良将"封赏令

曹彬平定南唐有功，在此期间，军纪严明，不扰民，不贪财，不烧杀掳掠，不滥杀无辜，堪称我大宋"第一良将"。

论功，原可任命为使相，但太原未定，现特封为枢密使兼武宁节度使，赐铜钱二十万贯。以作嘉奖。

大宋兵部

第12期
公元976年

烛影斧声
赵匡胤

穿越报
CHUANYUE BAO

【烽火快报】
- 钱俶来朝,是自投罗网?

【叱咤风云】
- 包裹里的秘密
- 哥哥驾崩,弟弟继位

【文化广场】
- 《百家姓》里的小秘密

【名人有约】
- 特约嘉宾:赵光义

【广告铺】
- 大宋官员休假公告
- 官吏考核通告
- 留给子孙的遗言

【智者为王】
- 第4关

穿越必读 CHUANYUE BIDU

公元976年,五十岁的宋太祖已到了知天命的年纪,然而他似乎还有很多事情没有完成。作为一个雄才大略的皇帝,他的体内依然奔涌着满腔热血。他要迁都,还要再次北伐。可是,不幸的事情发生了……

烽火快报

FENGHUO KUAIBAO

钱俶来朝，是自投罗网？
——来自钱塘的消息

李煜降宋后，作为功臣，吴越王钱俶应大宋的邀请，带着家人去大宋都城——汴京，朝见太祖。

听到这个消息，吴越人都忧心忡忡：南唐亡了，这么快就轮到吴越了吗？国主这一去，不是自投罗网吗？会不会一去不复返呢？吴越会不会像之前的南唐一样，也落个亡国的下场呢？

为祈祷平安，大家在西湖边为钱俶建了一座塔，名叫"保俶塔"（今雷峰塔）。

那吴越王明知山有虎，为何偏向虎山行呢？

记者经过一番打探，这才知道，原来，早在平定南唐之前，太祖就对钱俶许下诺言说："'元帅'功劳很大，等事成之后，请到东京来见朕，见面之后，朕发誓绝不扣留元帅！"

钱俶相信太祖是个信守承诺的真英雄，这才放心大胆地接受了大宋的邀请。

那么，太祖真的会实现自己的承诺，与吴越和平共处吗？

请大家继续关注接下来的报道。

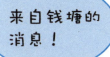

来自钱塘的消息！

叱咤风云 CHIZHA FENGYUN

包裹里的秘密

值得欣喜的是，太祖对这次历史性的会面，表现出前所未有的重视，不仅派皇子远道相迎，还给了钱俶丰厚的赏赐。

然而，在此之后，太祖既没有说要他留下，也没有准许他离开。钱俶心里忐忑不安，可又不敢开口去问。

这时，钱俶听说太祖准备巡视洛阳，便请求跟随。

太祖没有批准，说："南方和北方水土不一样，夏天快来了，你应该趁早回国。"

钱俶请求太祖，允许自己每三年入朝一次。

太祖说："吴越到汴京路途遥远，等我召见你的时候，你再来吧！"

临别时，太祖赐给钱俶一个封得严严实实的黄色包裹，对他说："等你到路上再看吧。"

回国途中，钱俶打开包裹一看，里面都是些大臣们的奏章，上面写的全是要太祖扣留钱俶的谏言。

钱俶看后，痛哭流涕，明白了太祖的用心。

回国后，为了表达对赵匡胤的感激之情，钱俶每年都向大宋进贡很多贵重物品。每次使者前往京城朝贡前，钱俶都要站在庭院中，虔心焚香祷告一番。

由于表现得十分顺从，在很长一段时间里，吴越国一直都平安无事（这种状况持续到太祖去世）。

CHIZHA FENGYUN 叱咤风云

哥哥驾崩，弟弟继位

公元976年十一月十四日，太祖突然永远地闭上了双眼，年仅五十岁。

消息一出，举国震惊。皇上不是一直都生龙活虎的吗？皇上不是前一个月还在雄心勃勃地准备北征吗？怎么一没有生病，二没有任何预兆就驾崩了呢？

大家还没来得及从悲伤中缓过神来，另一个重磅消息又在汴京上空炸开了——继承皇位的人不是皇子赵德芳，而是皇弟赵光义！

可是据知情人透露，太祖驾崩时，皇后明明是叫宦官王继恩去找十八岁的皇子赵德芳的。

这是怎么回事？记者马上找到正在宫中庆祝的王继恩。王继恩告诉记者，当时，他并没有去找赵德芳，而是直接前往开封府去见赵光义。因为他常听皇上说要传位给晋王赵光义。

那天，他来到开封府，发现门口站着一个人，仔细一看，那人是开封府医官程德玄，便问他在这里做什么。

程德玄回答说："我原本在家睡觉，突然听见外面有人叫我，说是晋王

叱咤风云 CHIZHA FENGYUN

召见。我急忙出门去看，却没有人。等我睡下，外面又喊起来，来来回回折腾了三次。我害怕了，猜想是不是晋王生病了，所以就赶来了。"

两人一同进了王府，将这消息告诉了赵光义，并要他马上进宫即位。

而当时，赵光义正在家中看书，听到这个消息，大为震惊，一时间犹豫不决，说："这么大的事情，我得和家人商量一下。"说完就进入内室，很久都没有出来。

这时，王继恩急了，向里面喊了一声："事情再耽搁下去，恐怕皇位就不是王爷的了！"赵光义这才出来。

三人踏着积雪，来到皇宫。皇后听说王继恩回来了，便问："德芳来了吗？"

王继恩回答说："晋王来了。"

皇后是个聪明人，马上就明白了是怎么回事，立即说："我们母子的性命，现在全部交付给您了。"

赵光义一听，眼泪立刻流了下来，说："别担心，本王保你们富贵！"

就这样，赵光义在哥哥灵柩前即位，成了宋朝的第二位皇帝。

嘻哈园
XIHA YUAN

百姓茶馆 BAIXING CHAGUAN

烛影斧声，千古谜

大家都说，当晚赵光义和太祖在一起喝酒，并留宿在宫中，根本就没有在家！也就是说，那个宦官在撒谎！我说那王继恩和程德玄，一个宦官，一个医官，怎么升官升得那么快呢，原来是"立功"了！

李书生

宫女阿莲

喝酒好像是确有其事，但那天晚上，有人隐隐约约地看见，在昏暗的烛光下，两人好像在争吵，而太祖手持玉斧，激动地喊道："好好去做，好好去做！"喝到半夜，赵光义就回家了。

这具体发生了什么事，又没有证人，不好说，也不可说啊！

喝酒？会不会在酒中下了毒啊！这人中了毒后不知不觉死去是很有可能的！而且，听说赵光义很讨厌喝酒的，怎么会和先皇对饮呢？这真的是太奇怪了！

钱庄钱老板

佃农李三

嘘，小声点……算了，管他传弟还是传子，咱小老百姓别瞎猜了，过好自己的日子是正事！就让它成为"千古之谜"吧。

鸿雁传书

HONGYAN CHUAN SHU

流言蜚语太多怎么办？

穿穿老师：

您好！现在到处都是关于我的流言蜚语，说我这个皇位来得太蹊跷，甚至有人说我弑君夺位，我很气愤。这个皇位本来是母亲钦定的，也是哥哥生前指定的，名正言顺。为什么大家都质疑我呢？本来，我认为身正不怕影子斜，可没想到，流言蜚语越传越多，越传越不像话。我想阻止，却没有什么好办法。

穿穿老师，您能给我出个主意吗？

大宋皇帝 赵光义

陛下：

您好！关于先皇驾崩一事，确实存在许多疑云，老百姓讨论一下也很正常，但这并不重要。

重要的是您现在已经是皇帝了。身为皇帝，接下来要做的事情是什么，您得想好。想好后，只管去做该做的事情，一时的流言蜚语成不了气候。过些时候，自然就散了。

如果您非要证明自己的清白，那得拿出确凿可信的人证、物证，以堵众人悠悠之口。

最后，我要提醒您的是，记住先皇的遗志，善待先皇的亲人和旧部。祝您好运！

《穿越报》编辑

【第二年，赵光义亲征太原，灭北汉，终于完成了宋太祖统一天下的遗愿，结束了五代十国的分裂局面。】

文化广场 WENHUA GUANGCHANG

《百家姓》里的小秘密

据说吴越国的钱塘一带，有位书生编撰了一种蒙学读物，叫《百家姓》。

顾名思义，《百家姓》里的内容和姓氏有关，它将常见的姓氏编成四字一句的韵文，很像一首加长版的四言诗。虽然它的内容没有文理，但读起来顺口，易学好记，因此很快就流传开来。

《百家姓》共收录了四百多个姓氏（后有增补），排在最前面的八个姓氏分别是：赵、钱、孙、李、周、吴、郑、王。

大家一看就知道，排名并不是根据人数的多少来排列的，那么它是根据什么来排的呢？

"赵"是当朝皇帝的姓氏，如果不排在首位的话，那就犯了"欺君之罪"，是要引火上身的。

吴越王姓钱，所以"钱"姓排在第二。

吴越王钱俶的正妃姓孙，所以"孙"姓排在第三。

排在第四的"李"姓，则是指南唐的皇族李氏。

后面的"周""吴""郑""王"都是钱氏王族妻妾们的姓氏。

这便是《百家姓》里前八个姓氏排名的秘密，大家弄明白了吗？

名人有约

MINGREN YOU YUE

越越 大嘴记者

赵光义 特约嘉宾

嘉宾简介： 他本名赵匡义，是大宋开国皇帝宋太祖的弟弟。凭借拥立有功，他得到皇帝的重用，一举一动都影响着朝廷上下。十六年后的今天，他以皇弟的身份继承皇位，成为大宋江山的第二位主人。

越　越：陛下，您好！恭喜您荣登帝王宝座！成为天子后，您有何感想？

赵光义：（整整衣服）肩上的责任更重了，要抓紧时间，干出一番事业来，否则，对不起天下万民和死去的皇兄啊！

越　越：有其兄必有其弟，果然有志气。我听说天子出生时，都有异象发生，不知您出生的时候有什么异象？

赵光义：听母后说，她有一次做了个梦，梦见一个神仙捧着太阳送给她，接着就怀上了我。所以我出生的当晚，红光升腾似火，街巷充满异香。

越　越：（怀疑地）有这种事？我听说先皇出生的时候，也是红光满室、异香扑鼻，难道这是你们家的传统？

赵光义：（变脸）大胆！你竟敢怀疑朕，不想活了是吗？

越　越：（惊慌地）不敢不敢，您现在已经是天子了，这不正好印证了当初的预兆吗？

赵光义：（摸摸胡子）嗯，这还差不多！

越　越：（赶紧转移话题）我们还是来聊聊别的吧！比如说，您和先皇在性格上有什么不同吗？

名人有约 MINGREN YOU YUE

赵光义：（若有所思）嗯，我认为最大的不同是，先皇喜欢拳脚功夫，天生善战，而我喜欢读书，开卷有益嘛！

越　越：您这么爱读书，一定是位谦谦君子。俗话说，君子坐怀不乱，您一定不是那种见色起意的人！

赵光义：（警觉）你这话是什么意思？朕可最尊重妇女了。

越　越：（试探地）哎呀，外面那些人真该死，他们说的话，竟然和您说的完全相反！

赵光义：外面的人都说我什么？

越　越：（吞吞吐吐）这个……

赵光义：你说吧！朕恕你无罪！

越　越：他们说先皇驾崩那天，曾和您一起在内廷喝酒。侍从们站在外面，只见屋内烛影摇曳，突然您离开席位，摆手后退，好像在躲什么，后来屋里又传出一声声斧头砍伐的响声，接着先帝就驾崩了……

赵光义：这跟"见色起意"有什么关系？

越　越：他们说……

赵光义：说什么？

越　越：他们说您见先帝的宠妃花蕊夫人长得美，动了色心，企图非礼她，被先帝看见了。先帝大为震怒，出手阻止，结果惨遭毒手……

赵光义：（勃然大怒）大胆！这是谁在胡说八道？朕要诛他九族！

越　越：陛下请息怒！这些刁民竟敢乱议国事，多半是活得不耐烦了！不过，小周后（李煜的皇后）又是怎么回事？听说您见了她，眼睛都直了……

赵光义：（眼睛快要喷火）朕看乱议国事的人是你吧！

越　越：啊，那个，陛下，我看时间不早了，今天的访谈就到这里，下次再聊哈！拜拜！

赵光义：……

广告铺

大宋官员休假公告

　　所有大宋官员均可休旬假，十天休一天，每月共三次。休假期间不处理公务，官员可回家休息。

大宋吏部

官吏考核通告

　　各地转运使每年要对当地知州、通判和当地官员进行一次政绩考核。政绩优秀者为上等次；能够完成职守，政务一般的为中等次；不能处理政事，政务紊乱的为下等次。请各地转运使务必认真执行，年底将结果上报朝廷，不得有误。

大宋吏部

留给子孙的遗言

　　凡我赵氏子孙，无论由谁当皇帝，都必须谨记以下三点。

　　一是柴氏子孙即使有罪，也不能处罚；如有谋逆之罪，只能在狱中赐自尽，不能押到刑场上斩首，更不能牵连他的家人。

　　二是不能杀士族和上书说事的人。

　　三是朕的子孙当中如有违背这两点的，老天一定会惩罚他。

赵匡胤

智者为王 ZHIZHE WEI WANG

智者无敌　王者为大

1. 被宋太祖用反间计害死的南唐将领是谁？
2. 吴越王钱俶是怎么处理李煜写给他的亲笔信的？
3. 宋太祖派谁出使南唐，带回了南唐的地方志？
4. 宋军攻破的长江天险叫什么？
5. 宋军围困金陵的时候，李煜在干什么？
6. 李煜第一次派遣谁去游说宋太祖撤军？
7. 李煜第二次派遣谁去游说宋太祖撤军？
8. 宋太祖对外宣称攻打南唐的理由是什么？
9. 宋太祖攻打南唐的真实原因是什么？
10. 李煜的《相见欢》的内容是什么？
11. 《百家姓》为什么把"赵"排在首位？
12. 吴越百姓在西湖边为钱俶建了一座塔，塔名叫什么？
13. 钱俶入朝后，宋太祖准备巡视哪个地方？
14. 是谁继承了宋太祖的皇位？
15. 宋太祖去世时多少岁？

智者为王答案

第 1 关答案

1. 五代十国时期的后唐。
2. 赵弘殷。
3. 契丹国,后改为辽国。
4. 后晋高祖石敬瑭。
5. 王彦超。
6. 郭威是柴荣的姑父兼养父。
7. 高平之战。
8. 殿前都虞候。
9. 冯道。
10. 赵匡胤。
11. 钟谟、李德明。
12. 《为君难为臣不易论》和《平边策》。
13. 皇甫晖。
14. 王朴。

第 2 关答案

1. 赵普
2. 后周律法规定,城门打开的时间为黎明,赵匡胤不敢违反法令,所以没有开城门。
3. 赵匡胤。
4. 泗州、濠州和楚州。
5. 把他腰斩了。
6. 三十九岁。
7. 范质、王溥和魏仁浦。
8. 陈桥。
9. 韩通。
10. 拟禅位诏书。
11. 因为他当节度使的时候,领地就在宋州。
12. 把信交给了赵匡胤。
13. 投降。
14. 赵匡胤。
15. 宋州。
16. 李重进。

智者为王答案

第3关答案

1. 怕他们造反。
2. 侍卫马军司和侍卫步军司。
3. 周世宗柴荣的儿子太小。
4. 李煜。
5. 荆南国和湖南国。
6. 李昊。
7. 六十六天和两年。
8. 十四万人齐解甲,更无一个是男儿!
9. 公元969年。
10. 拒绝了。
11. 郭威。
12. 除了给刘继元的诏书以外,其余的全部藏了起来。
13. 陈承昭。
14. 没有。
15. 李煜。

第4关答案

1. 林仁肇。
2. 交给了宋太祖。
3. 卢多逊。
4. 采石矶。
5. 和一帮和尚、道士研究佛学和《易经》。
6. 徐铉。
7. 还是徐铉。
8. 李煜"倔强不朝"。
9. 天下都是一家,卧榻之侧,岂容他人鼾睡。
10. 无言独上西楼,月如钩,寂寞梧桐深院锁清秋。剪不断,理还乱,是离愁,别有一般滋味在心头。
11. 因为当时大宋的皇帝姓赵。
12. 保俶塔。
13. 洛阳。
14. 赵光义。
15. 五十岁。

赵匡胤生平大事年表

时间	年龄	大事记
公元927年	一岁	赵匡胤出生于洛阳夹马营。
公元938年	十二岁	赵匡胤随父亲迁至汴京；六年后，娶贺氏为妻。
公元947年	二十一岁	赵匡胤离家出走，闯荡江湖；一年后，投奔郭威，正式参军。
公元954年	二十七岁	赵匡胤参加高平之战，因立战功，被封为殿前都虞侯。
公元959年	三十三岁	赵匡胤因屡立战功，被周世宗柴荣封为校检太傅，殿前督点检，成为后周禁军最高将领。
公元960年	三十四岁	赵匡胤发动"陈桥兵变"，建立大宋王朝。
公元961年	三十五岁	赵匡胤通过"杯酒释兵权"，解除了禁军将领们的权力。
公元965年	三十九岁	赵匡胤灭后蜀。
公元969年	四十三岁	赵匡胤亲征北汉，未能成功。
公元971年	四十五岁	赵匡胤灭南汉。
公元975年	四十九岁	赵匡胤平南唐。
公元976年	五十岁	赵匡胤再次出征北汉；十一月十四日，赵匡胤去世，享年五十岁。

图书在版编目(CIP)数据

黄袍加身赵匡胤／彭凡著．—北京：化学工业出版社，2015.7（2024.11重印）

（历史穿越报）

ISBN 978-7-122-23995-2

Ⅰ．①黄… Ⅱ．①彭… Ⅲ．①赵匡胤（927—976）-生平事迹-少年读物 Ⅳ．①K827=2

中国版本图书馆CIP数据核字（2015）第104416号

责任编辑：丁尚林　刘亚琦　　　　　　　　文字编辑：李　曦
责任校对：陈　静　　　　　　　　　　　　装帧设计：尹琳琳

出版发行：化学工业出版社（北京市东城区青年湖南街13号　邮政编码100011）
印　　装：天津裕同印刷有限公司
710mm×1000mm　1/16　印张12　2024年11月北京第1版第20次印刷

购书咨询：010-64518888　　　售后服务：010-64518899
网　　址：http://www.cip.com.cn
凡购买本书，如有缺损质量问题，本社销售中心负责调换。

定　价：29.80元　　　　　　　　　　　　　　　版权所有　违者必究